Rocío García Jiménez / María-José Varela Salinas

Aspectos de la traducción biosanitaria español–alemán / alemán–español

Klaus-Dieter Baumann / Hartwig Kalverkämper / Klaus Schubert (Hg.)
TRANSÜD.
Arbeiten zur Theorie und Praxis des Übersetzens und Dolmetschens
Band 121

Rocío García Jiménez / María-José Varela Salinas

Aspectos de la traducción biosanitaria español–alemán / alemán–español

Umschlagabbildung: Puente de Santo Domingo in Málaga, auch Puente de los Alemanes

Este libro se ha publicado con la ayuda de la subvención concedida al
Proyecto de Innovación Educativa 15-065 de la Universidad de Málaga.

ISBN 978-3-7329-0812-7
ISBN E-Book 978-3-7329-9150-1
ISSN 1438-2636

Herstellung durch Frank & Timme GmbH,
Wittelsbacherstraße 27a, 10707 Berlin.
Printed in Germany.
Gedruckt auf säurefreiem, alterungsbeständigem Papier.

www.frank-timme.de

Índice

1 Introducción 7

1.1 ¿Qué significa *biosanitario*? 7

1.2 La traducción de textos biosanitarios y sus dificultades específicas 8

1.3 Objetivo de este libro 11

1.4 Temas y géneros textuales 11

1.5 Características generales de los textos biosanitarios 12

1.6 La morfología de los términos biosanitarios 14

2 Propuestas de ejercicios prácticos 21

2.1 El lupus eritematoso sistémico 21

2.1.1 Traducción alemán–español 21

2.1.2 Traducción español–alemán 28

2.2 Glaucoma 36

2.2.1 Traducción alemán–español 36

2.2.2 Traducción español–alemán 44

2.3 Afasia 57

2.3.1 Traducción alemán–español 57

2.3.2 Traducción español–alemán 64

3 Algunos recursos adicionales para la traducción de textos biosanitarios 73

4 Bibliografía 81

1 Introducción

1.1 ¿Qué significa *biosanitario*?

El adjetivo *biosanitario*, según el Diccionario de la Real Academia de la Lengua (DRAE), se define como «perteneciente o relativo a las ciencias de la salud». Por lo tanto, cuando hablamos de textos biosanitarios[1], nos estamos refiriendo a la producción textual relacionada con la biología, por una parte, y con la medicina, por otra.

El DRAE define la biología como la ciencia que trata de los seres vivos considerando su estructura, funcionamiento, evolución, distribución y relaciones. Por su parte, la medicina es, siguiendo de nuevo al DRAE, el conjunto de conocimientos y técnicas aplicados a la predicción, prevención, diagnóstico y tratamiento de las enfermedades humanas y, en su caso, a la rehabilitación de las secuelas que puedan producir. La Organización Mundial de la Salud (OMS) entiende la medicina tradicional desde una perspectiva cultural y la define como la suma de conocimientos, técnicas y prácticas fundamentadas en las teorías, creencias y experiencias propias de diferentes culturas, y que se utilizan para mantener la salud, tanto física como mental. Teniendo en cuenta estas definiciones, podemos afirmar que las diferentes ramas de la biología sirven de base para el estudio de la medicina, como, por ejemplo, la fisiología, que estudia la morfología del ser humano, así como la función de sus diferentes componentes.

A su vez, la medicina se divide en numerosas especialidades, las cuales se suelen categorizar dependiendo del tipo de órgano (sus funciones, sus afecciones, etc.) en el que se concentre el estudio. Aunque estas especialidades

1 V. al respecto la definición de *texto biosanitario* propuesta por Barceló Martínez y Varela Salinas (2011).

supongan la categorización más frecuente, también hay otras que se aplican en medicina, como por ejemplo:

- por edades (pediatría, geriatría)
- por zonas geográficas (medicina tropical)
- por su efecto (toxicología)
- por un conjunto de prácticas de diagnóstico (análisis clínicos,
- radiología)
- por prácticas de intervención (anestesiología, cirugía)
- por tipo de enfermedad (oncología, reumatología)

En medicina existen dos sectores claramente delimitados: el sector básico (de las investigaciones médicas), donde aparecen disciplinas como la bioquímica, la anatomía, la embriología, la genética, la microbiología, la fisiología, etc., y el sector aplicado (de la medicina clínica), en el que se destacan especialidades como la cirugía, la obstetricia, la ginecología, la pediatría y la cardiología, entre otras. El sector básico es esencial para los destinatarios de los resultados médicos que son fruto de una investigación. Dichos destinatarios son los pacientes, beneficiarios o usuarios del sistema sanitario.

El sector clínico-investigativo, como intermediario entre la generación y la aplicación de esas investigaciones, es la interfaz de nuevos conocimientos, nuevos medicamentos y nuevas técnicas desde la que afluyen al sector práctico. conocimientos de este sector se reflejan, por ejemplo, en las revistas especializadas y en los prospectos de los medicamentos.

1.2 La traducción de textos biosanitarios y sus dificultades específicas

La traducción de textos biosanitarios se podría considerar, por consiguiente, como una subcategoría de la traducción científico-técnica, que englobaría contenidos de una gran diversidad por abarcar tantas ciencias y disciplinas, además de numerosos géneros textuales tan variados como, por ejemplo, artículos de prensa, informes y certificados médicos, artículos científicos, libros de texto, especializados y de divulgación, prospectos, recetas, diccionarios y enciclopedias o anuncios, entre otros. Estos géneros textuales se diferencian no solo por su temática y su terminología, sino también por estar redactados en estilos y con rasgos formales diferentes. Hemos de considerar que la difusión y obtención de tales conocimientos está cambiando radicalmente en tanto en cuanto los soportes tradicionales, como el papel, están siendo reemplazados por soportes de carácter electrónico.

Veamos ahora las dificultades específicas de la traducción de textos biosanitarios[2]. Cabe señalar que nos centramos en las específicas por no querer entrar en las dificultades de carácter general, inherentes a cualquier texto a causa del isomorfismo de las lenguas.

La primera dificultad reside en que, al referirnos a la traducción biosanitaria, englobamos un campo extensísimo y mucho más amplio de lo que un traductor – por muy bien preparado que esté – pueda abarcar. De ahí que incluso los traductores profesionales que se dedican exclusivamente a la traducción médica suelan especializarse en algunas de las áreas mencionadas, como es el hecho de los traductores de plantilla de empresas o instituciones como los de los laboratorios farmacéuticos y los de la OMS. Como acabamos de ver, se trata de un campo extremadamente vasto y multidisciplinar y, por tanto, su léxico especializado se compondrá de la terminología de las diferentes ciencias y disciplinas que lo forman.

La segunda dificultad reside en la terminología[3], casi siempre altamente especializada. Por ello, la comprensión de textos médicos, incluso en nuestra propia lengua, suele ser tarea ardua, a pesar de que los términos científicos se caractericen precisamente por su tendencia hacia la univocidad y la normalización. Sin embargo, esto no siempre es así, pues como apuntaba Gutiérrez Rodilla (1998), a veces existen nomenclaturas paralelas, e incluso términos polisémicos. También hay otras circunstancias que pueden inducir a engaño al traductor, como los falsos amigos (Mandelbrojt-Sweeney, 1994: 77–80).

2 V. al respecto Navarro (1996), Fischbach (1998), Ortega Arjonilla y Martínez López (2007), Montalt y González Davies (2008).

3 V. al respecto Fischbach (1962) y Newmark (1988: 152): «However, the central difficulty in technical translation is usually the new terminology».

A este respecto, Corpas (2004: 137) señala que los problemas de la traducción de textos biosanitarios vienen ocasionados:

> [...] por la polisemia y sinonimia propias del discurso científico real, por la multiplicidad de denominaciones y nomenclaturas existentes, por la existencia de falsos amigos, por la variabilidad comunicativa en todos sus ámbitos (incluyendo los epónimos, las siglas, abreviaturas y acrónimos) o por la permeabilidad del discurso médico, en tanto al trasvase de términos propios de unas especialidades médicas a otras e incorporación de términos procedentes de otras disciplinas afines o auxiliares (estadística, química, biología, electromagnética, informática, etc.). Otras dificultades adicionales se plantean por la combinatoria (fraseología) de tales términos o la identificación y reexpresión de la carga pragmática de muchos de ellos, y, cómo no, por las diferencias existentes en cuanto al discurso científico entre las dos lenguas de trabajo.

Gran parte de los tecnicismos médicos poseen una etimología latina o griega[4] común en las lenguas europeas. Sin embargo, estos sufijos, prefijos, raíces y formas combinadas cultas se han ido adaptando a las características léxicas de la lengua en cuestión, de manera que pueden presentar modificaciones que, aunque por lo general son leves, precisan ser observadas para escribir correctamente el término en cada lengua.

Otras dificultades las presentan las medidas y convenciones, que no siempre son idénticas en las comunidades lingüísticas, así como las denominaciones divergentes de ciertas sustancias químicas, enfermedades y síndromes y las variaciones en la grafía de algunos nombres propios.

A la vista de las dificultades de la traducción biosanitaria, el traductor profesional que se dedique a trabajar en este campo ha de estar bien preparado, lo que significa tener conocimientos de traductología, documentación, termi-

4 Cf. diccionarios como los de Ruiz Torres (1980) y manuales como el de Gonzalo García y García Yebra (2000).

nología y sobre las estrategias de traducción de textos técnicos, en concreto, los científico-técnicos y, especialmente, los biosanitarios.

Son estos puntos los que se tratan en esta monografía, intentando brindar pautas generales para solventar las dificultades inherentes a este tipo de textos.

1.3 Objetivo de este libro

El presente libro busca introducir a sus lectores en la traducción de textos biosanitarios (alemán–español / español–alemán). Partiendo de diferentes géneros textuales analizamos dificultades de carácter traductológico, terminológico y de documentación y buscamos soluciones que puedan servir, desde una perspectiva didáctica, a modo de directriz en la traducción de textos biosanitarios para el par de lenguas alemán–español.

En resumen, el objetivo de este libro es ofrecer, de manera general, algunas respuestas que se pueden dar a los problemas de traducción de los textos presentados y, en consecuencia, enseñar a saber escoger y utilizar las fuentes y estrategias adecuadas para cada encargo de traducción biosanitaria.

1.4 Temas y géneros textuales

Debido a la ya mencionada amplitud del campo biosanitario, se hace necesaria una selección de temas y géneros textuales, que presentamos a continuación. Los temas que se tratarán en los textos versarán sobre los siguientes temas:

1. Lupus eritematoso sistémico
2. Glaucoma
3. Afasia

Debido a la finalidad didáctica que perseguimos y a que el presente libro se limita a ser una introducción a la traducción de textos biosanitarios, los géneros textuales seleccionados son:

1. Artículos de prensa
2. Folletos informativos

1.5 Características generales de los textos biosanitarios

Como ya hemos comentado, la traducción biosanitaria se inserta dentro del marco de la traducción especializada, en concreto, dentro de la traducción científico-técnica, puesto que se trata de un discurso que se emplea en una situación de comunicación especializada: «La comunicación entre personas especializadas en un campo científico determinado se realiza normalmente en un lenguaje propio de su especialidad, denominado también tecnolecto, jerga profesional o lenguaje científico» (Congost Maestre, 1994: 24). No obstante, Gamero Pérez (2001: 27) afirma acertadamente que «el tema no es el único factor que determina si un texto es especializado o no», pues una temática especializada puede presentarse de una manera semiespecializada o incluso divulgativa (cf. Cabré, 1999: 24).

Se ha hablado mucho sobre los lenguajes de especialidad que se corresponderían con los diferentes discursos de cada ciencia, disciplina, arte u otra actividad. Intentar delimitarlos frente a la lengua común suele ser una tarea emprendida con frecuencia entre los lingüistas; sin embargo, no hay mucho acuerdo en cuanto a los resultados[5]. Hay que señalar que la confusión reinante no se limita a las teorías, sino que se traduce en un laberinto terminológico respecto a la denominación de los lenguajes especializados, como bien hemos podido comprobar en la cita de Congost Maestre.

En los textos especializados es imperiosa la necesidad de una correcta codificación y descodificación. La razón reside en las posibles consecuencias de un error comunicativo (imaginémonos unas instrucciones ininteligibles para el uso de un aparato médico). Por ello, el lenguaje científico-técnico tiende a normalizar su terminología y establecer un uso monosémico y unívoco de los términos.

5 Cf. Haensch, Wolf, Ettinger y Werner (1982: 525); Fluck (1982: 11) o Schifko (2001: 21).

Sin embargo, los lenguajes de especialidad o tecnolectos no son sistemas independientes, sino que constituyen una suma de hechos lingüísticos particulares, insertos en los enunciados de la lengua común.

El emisor se sirve para su mensaje de los recursos léxicos y morfosintácticos habituales de la lengua común; la diferencia del lenguaje especializado de aquella reside en la frecuencia de ciertos recursos, la exclusión de otros, la primacía de un registro culto y, sobre todo, la terminología utilizada. El lenguaje especializado forma parte de la lengua común, pero no como compartimento estanco (como, por ejemplo, un nivel, registro o área), sino de forma dinámica. De esta manera, cualquier elemento léxico y morfosintáctico de la lengua común puede convertirse en expresión de una comunicación especializada, siempre que una situación precise su uso.

Pasemos a fijarnos en las características de los textos biosanitarios cuya traducción, si seguimos a Gamero Pérez (2001: 51), se va a ver influida por una serie de elementos que, según el género, van a aparecer con mayor o menor frecuencia. Estos elementos pueden diferenciarse por ser intra o extratextuales. Los primeros los constituyen, por ejemplo, las fórmulas rutinarias, las estructuras y la terminología recurrentes establecidas bien por la costumbre bien por una autoridad normalizadora. Los elementos extratextuales son diversos: por un lado, influye la intención del emisor, es decir, la reacción que aspira provocar en el receptor, y que es lo que llamamos la función del texto (cf. Nord: 1992; 1993). Debemos tener en cuenta que un mismo texto puede cumplir más de una función comunicativa (por ejemplo, informar y exhortar, como en el caso de la publicidad de medicamentos o en el de un artículo médico que publica resultados de investigación). Otro factor decisivo es la situación comunicativa concreta en la que se inserta el texto, es decir, el marco espacio-temporal, que incluye a su vez el marco sociocultural: un texto educativo y divulgativo sobre la higiene dirigida a un público occidental probablemente tendrá que redactarse o traducirse con modificaciones para el público de un país en vías de desarrollo.

Si nos fijamos en lo más característico de los textos biosanitarios – su léxico –, veremos cómo salta a la vista el gran número de términos provenientes del latín y del griego. Esto es así porque la ciencia médica (y, con ella, el lenguaje de la medicina) dio sus primeros pasos en la Grecia clásica. Más tarde, con la adquisición de los conocimientos médicos por la cultura romana, los tecnicismos helénicos pasaron a través del latín hasta llegar a nuestras lenguas modernas. Si bien durante la Edad Media, el árabe convive con el latín como segunda lengua de la ciencia médica, hay más lenguas que han contribuido a la formación del lenguaje médico actual, como desde la Edad Moderna lo han hecho el francés, el inglés y el alemán. Así, por ejemplo, a finales del siglo XIX, la lengua alemana había alcanzado la consideración de primera lengua internacional en diversas ciencias, como la filosofía, la lingüística y también la medicina. Muchas de las aportaciones de los científicos germanoparlantes al lenguaje médico universal se elaboraron a partir de las lenguas clásicas, por lo que cabe dudar de la influencia directa de la lengua alemana en el lenguaje médico. Es importante también el hecho de que el latín fuera lengua universitaria hasta el siglo XIX y, como consecuencia, el significado de muchas palabras latinas evolucionara de forma diferente en alemán y en español. Cabe destacar que hoy en día, gran parte de las empresas químico-farmacéuticas europeas están ubicadas en países de habla germana. Como ejemplos pueden valer Merck, Roche, Sandoz, Bayer y Hoechst.

1.6 La morfología de los términos biosanitarios

Como acabamos de aclarar, la morfología de muchos términos biosanitarios denota su procedencia culta. Esta puede reflejarse en diferentes elementos compositivos como la raíz o base o bien los afijos (prefijos y sufijos). Aclaremos, antes de continuar, los siguientes conceptos:

Puesto que en el lenguaje biosanitario a los diferentes elementos compositivos prefijales y sufijales suele corresponderles siempre un mismo significado, también en lenguas diferentes, como el español y el alemán, conviene conocerlos, pues facilita mucho la comprensión y la traducción de los textos en los que los encontramos. A continuación, una relación de los más habituales.[6]

6 Para un estudio exhaustivo de la formación terminológica culta en el ámbito biosanitario v. Cuadrillero, B. B. y Schrade, K. I. R. (2017).

Formantes y su significado

Formante en español	Formante en alemán	Significado
arterio	*Arterio*	relacionado con las arterias
artro	*Arthro*	relacionado con las articulaciones
bronc	*Bronch*	relacionado con los bronquios
cardio	*Kardio*	relacionado con el corazón
cist(o)	*Zyst(o)*	relacionado con la vejiga
col	*Col / Kol*	relacionado con el colon
colp	*Colp / Kolp*	relacionado con la vagina
derma/o	*Derma/o*	relacionado con la piel
encéfalo	*Encephalo*	relacionado con el cerebro
entero	*Entero*	relacionado con los intestinos
estoma	*Estoma*	relacionado con la boca, una apertura u orificio
fleb	*Flev*	relacionado con las venas
freno	*Phreno*	relacionado con el diafragma
gastro	*Gastro*	relacionado con el estómago
hemo/a	*Hämo/a*	relacionado con la sangre
hepat(o)	*Hepat(o)*	relacionado con el hígado
hister	*Hister*	relacionado con el útero
lito	Litho	relacionado con piedras / cálculos
metro	*Metro*	relacionado con la matriz
miel(o)	*Myel(o)*	relacionado con la médula ósea
mio	*Myo*	relacionado con los músculos
nefro	*Nephro*	relacionado con los riñones
neumo	*Neumo*	relacionado con el pulmón
neuro	*Neuro*	relacionado con los nervios
osteo	*Osteo*	relacionado con los huesos
oto	*Oto*	relacionado con los oídos

Formante en español	Formante en alemán	Significado
proct	*Prokt*	relacionado con el recto
rino	*Rhino*	relacionado con la nariz
trac	*Trak*	relacionado con la tráquea
uri	*Uri*	relacionado con la orina

Elementos prefijales y su significado

Elemento prefijal en español	Elemento prefijal en alemán	Significado	Ejemplo
a, an	*A, An*	ausencia, carencia, deficiencia	Anuria / *Anurie*: ausencia de orina
aero	*Aero*	aire	Aerofagia / *Aerophagie*: aire en el estómago
ante	*Ante*	delante o antes de	Antefebril / ~: antes de la fiebre
anti	*Anti*	contra	Antitusígeno / *Antihustenmittel*: contra la tos
auto	*Auto*	de sí mismo	Autolisis / *Autolyse*: destrucción de sí mismo
bi, di	*Bi, Di; Zwei*	dos, doble	Bípedo / *Zweifüßler*, Disacárido / *Disaccharid*: dos pies
bradi	*Brady*	por debajo de lo normal	Bradicardia / *Bradykardie*: pulsaciones del corazón por debajo de las normales
dis	*Dis*	alteración	Dispepsia / *Dispepsie*: molestia crónica en el abdomen superior
ecto	*Ekto*	fuera	Ectoparásito / *Ektoparasit*: parásito que habita fuera de nuestro cuerpo
endo	*Endo*	dentro	Endocardio / *Herzklappe*: membrana interna del corazón

Elemento prefijal en español	**Elemento prefijal en alemán**	**Significado**	**Ejemplo**
hiper, super	*Hyper, Super; Hoch / Über*	por encima de lo normal, mucho	Hipertensión / *Bluthochdruck*: tensión por encima de los valores normales
hipo	*Hypo*	bajo, por debajo de lo normal	Hipotensión / *niedriger Blutdruck*: tensión por debajo de los valores normales
intro	*Intro*	dentro de, en el interior	Intranasal / *Intranasal*: en la nariz
mono	*Mono*	uno	Monosacárido / *Monosaccharid*: una molécula de azúcar
orto	*Ortho*	derecho	Ortopedia / *Orthopädie*: tratamiento del sistema musculoesquelético
peri	*Peri*	alrededor	Perinatal / *Perinatal*: alrededor del momento del parto
poli	*Poly*	mucho, aumento	Poliuria / *Polyurie*: aumento de la orina
post	*Post*	después	Postmortem / *Postmortem*: después de la muerte
pre	*Prä*	antes	Prenatal / *Pränatal*: antes del nacimiento
sub	*Sub*	debajo, bajo algo	Subdermal / *Subdermal*: debajo de la piel
supra	*Supra*	encima de	Suprarenal / *Suprarenal*: encima del riñón
taqui	*Tachy*	por encima de lo normal	Taquicardia / *Tachycardie*: pulsaciones del corazón por encima de las normales
tetra, cuadru	*Tetra, Vier*	cuatro	Cuadrúpedo / *Vierfüßler*: con cuatro patas
tri	*Tri*	tres	Trimolecular / *Trimolekular*: formado por tres moléculas
uni	*Uni*	uno, único	Unicelular / *Unizellulär*: de una sola célula

Elemento sufijales y sus significados

Elemento sufijal en español	Elemento sufijal en alemán	Significado	Ejemplo
algia	*algie*	dolor	Neuralgia / *Neuralgie*: dolor de nervios
blasto	*blast*	célula formadora de algo	Eritroblasto / *Erythroblast*: célula formadora de eritrocitos
(e)stesia	*(ä)sthesie*	sensibilidad	Anestesia / *Anästhesie*: falta de sensibilidad
fagia	*phagie*	comer, deglutir	Aerofagia / *Aerophagie*: deglutir aire con la comida
(e)ctomía	*(e)ktomie*	corte, seccionar y extirpar	Laringectomía / *Laryngektomie*: corte efectuado en la laringe
emia	*ämie*	relativo a la sangre	Glucemia / *Glukämie*: nivel alto de glucosa en la sangre
fasia	*phasie*	lenguaje, habla	Afasia / *Aphasie*: no poder hablar
fobia	*phobie*	temor	Hidrofobia / *Hydrophobie*: temor o miedo al agua
génico	*genisch*	que produce u origina	Piogénico / *Pyogenisch*: que produce pus
grafia	*graphie*	registro visual	Radiografía / *Radiographie*: registro mediante rayos x
grama	*gramm*	escrito, registros	Electrocardiograma / *Elektrokardiogramm*: registro de los latidos cardiacos
atría	*atrie*	práctica de curar	Pediatría / *Pädiatrie*: práctica de curar niños
itis	*itis / -entzündung*	inflamación	Apendicitis / *Appendizitis*: inflamación del apéndice
lisis	*lyse*	rotura / división	Hemolisis / *Hämolyse*: división de la sangre (hematíes)
logia	*logie*	ciencia, estudio de	Hematología / *Hämatologie*: ciencia que estudia la sangre

Elemento sufijal en español	**Elemento sufijal en alemán**	**Significado**	**Ejemplo**
oma	*om*	tumor	Fibroma / *Fibrom*: tumor de carácter fibroso
osis	*ose*	degeneración de estructuras	Artrosis / *Arthrose*: degeneración de la articulación
ostomia	*ostomie*	abertura artificial	Colostomía / *Kolostomie*: abertura en el vientre, sacando al exterior el colon
patía	*pathie*	enfermedad	Miopatía / *Myopathie*: enfermedad del músculo
pnea	*pnoe*	respiración	Apnea / *Apnoe*: falta de respiración
rea	*rhoe*	descarga abundante	Rinorrea / *Rhinorhoe*: descarga de secreciones nasales
ritmia	*rhythmie*	ritmo	Arritmia / *Arhythmie*: sin ritmo
scopia	*skopie*	visualización	Endoscopia / *Endoskopie*: visualización interna
terapia	*therapie*	curación, tratamiento	Fisioterapia / *Physiotherapie*: tratamiento de la movilidad
trofia	*trophie*	desarrollo, crecimiento	Atrofia / *Atrophie*: sin desarrollo

2 Propuestas de ejercicios prácticos

En la parte práctica, cada una de las cuatro áreas temáticas cuenta con dos textos, uno en alemán para ser traducido al español y otro en español para ser traducido al alemán (traducción directa e inversa). Dichos textos pertenecen a cada uno de los géneros textuales seleccionados anteriormente (noticia de prensa, prospecto y folleto informativo). En primer lugar, se presenta el texto origen y se exponen una serie de notas terminológicas y gramaticales previas a la traducción. A continuación, se realiza una propuesta de traducción y, por último, un comentario a la misma.

2.1 El lupus eritematoso sistémico

2.1.1 Traducción alemán-español

a) Texto origen (noticia en sitio web)

Las noticias y los artículos de la prensa generalista pertenecen a los géneros textuales más sencillos, pues están orientados a un público amplio, no especializado en los temas que abordan. Pueden ser de naturaleza popular-divulgativa o divulgativa para un público culto, según el carácter de la publicación; así, no es lo mismo la sección de salud en un rotativo local que en uno de distribución nacional, una noticia en una revista femenina que una en un sitio web especializado.

Hoy en día, existe una fuerte presencia en internet de sitios y páginas relacionados con la salud y la medicina. El creciente interés de la población por conocer más a fondo el cuerpo y sus funciones, así como de preservar y fomentar la propia salud, originan un aumento progresivo el volumen de información relacionada que se crea y publica está experimentando un aumento progresivo. Por lo tanto, los rotativos, pero también revistas, editoriales, asociaciones, entre otros, intentan satisfacer esta demanda de información a través de la red, ya sea en libre acceso o en modalidad de pago. La razón es que internet resulta muy cómodo, sobre todo, gracias a los descriptores, si queremos adquirir conocimientos básicos sobre un tema y realizar consultas.

El texto presentado para su traducción es una noticia sacada de un portal especializado en temas de salud, dirigido por la asociación sin ánimo de lucro Gesundheitsstadt Berlin e. V. cuyo objetivo es concienciar sobre el cuidado de la salud en el estado alemán de Berlín-Brandenburgo.

Autoimmunerkrankungen

Neues Medikament gegen Lupus bereits in Phase III
Gegen systemischen Lupus könnte es bald ein Medikament geben, das nicht das Immunsystem unterdrückt. Das Mittel Lupuzor™ befindet sich bereits in der klinischen Studienphase III. Auch Patienten mit Morbus Crohn oder dem Sjögren-Syndrom könnten profitieren.
Lupus ist eine Autoimmunerkrankung, bei der sich das Immunsystem gegen den eigenen Körper richtet. Verschiedenste Organe, Nerven, Gelenke, Muskeln, Haut ja sogar das Gehirn können bei systemischem Lupus betroffen sein. Mit sogenannten Immunsuppresiva versucht man das Immunsystem zu unterdrücken, damit es keinen weiteren Schaden mehr anrichten kann. Die Medikamente schwächen jedoch das Immunsystem und die Patienten werden anfälliger für Infektionen. Seit Jahren wird deshalb an alternativen Behandlungsmöglichkeiten geforscht.

Ergebnisse liegen Ende 2017 vor
Jetzt scheint dem französischen Zentrum für wissenschaftliche Forschung (CNRS) ein großer Wurf gelungen zu sein. Das von CNRS-Forschern entwickelte Medikament Lupuzor™ ist das erste nicht immunsuppressiv wirkende Medikament gegen Lupus. In den klinischen Studien der Phasen I und II wurde es bereits erfolgreich getestet. Im Dezember ist nun die Studienphase III angelaufen. Das ist die letzte Hürde vor der Zulassung eines Medikaments. Die Studie startete mit einem Patienten in den USA und wird Mitte Januar 2016 auf europäische Zentren ausgeweitet. Insgesamt werden 200 Patienten in 45 Zentren davon 10 in

den USA und 35 in Europa einmal im Monat für die Dauer eines Jahres 200 µg dieses Wirkstoffkandidaten injiziert bekommen. Die endgültigen Ergebnisse werden Ende 2017 erwartet.

Neue Medikamenten-Klasse gegen Lupus
Der Wirkstoff basiert auf einer Peptid-Familie (Proteinfragmenten), die spezifisch die Fehlfunktionen des Immunsystems korrigieren. Bei Mäusen zeigte sich, dass der Wirkstoff das Fortschreiten der Krankheit hinauszuzögern kann, ohne dass dafür das eigene Immunsystem aktiviert wurde. Auch am Menschen zeigte Lupuzor™ Erfolg: In der abgeschlossenen Phase-II-Studie ging die Krankheit nach 3-monatiger Behandlung bei 62 Prozent der Patienten zurück. „Das ist das beste Ergebnis, das je bei der Behandlung von Lupus erzielt wurde", berichtet Jana Ulbricht vom CNRS. „Sollte diese Phase-III-Studie genauso erfolgreich verlaufen wie die beiden anderen, könnte das Medikament vermarktet und somit eine zentrale Rolle bei der Behandlung von Lupus einnehmen", so Ulbricht weiter.

Autor: Beatrice Hamberger
Fuente: *https://www.gesundheitsstadt-berlin.de/neues-medikament-gegen-lupus-bereits-in-phase-iii-7902/*

b) Notas terminológicas y gramaticales previas a la traducción

La presente noticia, publicada el 18 de enero de 2016, se caracteriza, desde la perspectiva traductora, por mostrar dificultades a nivel terminológico, puesto que en el texto se observa un vocabulario especializado relacionado con la enfermedad autoinmune denominada lupus y con los resultados que está obteniendo un nuevo medicamento en las diferentes fases del ensayo clínico.

Destacan la naturaleza informativa del texto, así como su objetividad. La primera característica queda patente, a nivel sintáctico, en la alta presencia de oraciones simples *(Das Mittel Lupuzor™ befindet sich bereits in der klinischen Studienphase III / Auch Patienten mit Morbus Crohn oder dem Sjögren-Syndrom könnten profitieren. / Das ist die letzte Hürde vor der Zulassung eines Medikaments.)* y de oraciones subordinadas relativas *(Gegen systemischen Lupus könnte es bald ein Medikament geben, das nicht das Immunsystem unterdrückt. / Lupus ist eine Autoimmunerkrankung, bei der sich das Immunsystem gegen den eigenen Körper richtet. / Der Wirkstoff basiert auf einer Peptid-Familie (Proteinfragmenten), die spezifisch die Fehlfunktionen des Immunsystems korrigieren / Das ist das beste Ergebnis, das je bei der Behandlung von Lupus erzielt wurde).*

Con el fin de mantener la objetividad, en el texto abundan las oraciones pasivas e impersonales *(Seit Jahren wird deshalb an alternativen Behandlungsmöglichkeiten geforscht. / In den klinischen Studien der Phasen I und II wurde es bereits erfolgreich getestet. / Mit sogenannten Immunsuppresiva versucht man das Immunsystem zu unterdrücken.).*

En lo que respecta a la terminología, el texto se caracteriza por presentar, como ya se ha mencionado, un vocabulario especializado que gira, en su mayor parte, en torno a la enfermedad autoinmune conocida como lupus. Por otra parte, también se encuentra terminología relacionada con el desarrollo de nuevos medicamentos, con los ensayos clínicos y sus fases. En el siguiente cuadro quedan señalados aquellos términos (y sus correspondientes traducciones), relativos a estos dos campos temáticos, que han aparecido de manera más frecuente en el texto:

Alemán	**Español**
systemischer Lupus	lupus eritematoso sistémico
Morbus Crohn	enfermedad de Crohn
Sjögren-Syndrom	síndrome de Sjögren
Autoimmunerkrankung	enfermedad autoinmune
Immunsuppresiva	inmunosupresores
Immunsystem	sistema inmune
Peptid-Familie	familia de los péptidos
Wirkstoff	principio activo
klinische Studien der Phasen I, II und III	fases I, II y III del ensayo clínico

Posibles fuentes de documentación

https://www.cun.es/enfermedades-tratamientos/enfermedades/lupus-eritematoso-sistemico	Información de carácter general en español de la Universidad de Navarra
https://accessmedicina.mhmedical.com/searchresults.aspx?q=lupus+eritematoso	Base de datos que permite acceder a distintos capítulos de publicaciones en español sobre el lupus eritematoso sistémico
https://www.ser.es/wp-content/uploads/2015/09/LES.pdf	Información de carácter general en español de la Sociedad Española de Reumatología
https://www.medigraphic.com/pdfs/medlab/myl-2008/myl085-6b.pdf	Artículo académico en español sobre el lupus eritematoso sistémico publicado por la revista *Medicina & Laboratorio*

c) Texto meta (propuesta de traducción)

Enfermedades autoinmunes

Nuevo medicamento para el lupus en su fase III
Contra el lupus eritematoso sistémico podría existir pronto un medicamento que no afecte al sistema inmune. Lupuzor™ se encuentra ya en la fase III del ensayo clínico. Los pacientes con enfermedad de Crohn o síndrome de Sjögren también podrían verse beneficiados.
El lupus es una enfermedad en la que el sistema inmune ataca el propio cuerpo (enfermedad autoinmune). El lupus eritematoso sistémico puede afectar a distintos órganos, nervios, articulaciones, músculos, la piel e incluso al cerebro. Con los llamados inmunosupresores se busca inhibir el sistema inmune para que este no cause daños adicionales. Sin embargo, los medicamentos debilitan el sistema inmune y los pacientes llegan a ser más propensos a sufrir infecciones. De ahí que desde hace años se investigue en tratamientos alternativos.

Resultados para finales de 2017

El Centro Nacional para la Investigación Científica de Francia (CNRS, por sus siglas en francés) parece haber logrado un gran éxito. Lupuzor™, desarrollado por sus investigadores, es el primer medicamento no inmunodepresor que actúa contra el lupus. Ha demostrado ser eficaz en las fases I y II del ensayo clínico. En diciembre ha comenzado la fase III, la última etapa por la que debe pasar un medicamento antes de su aprobación. El ensayo comenzó con un paciente en los EE.UU., y a mitad de enero de 2016 se extenderá a centros europeos. A los 200 pacientes procedentes de 45 centros (10 estadounidenses y 35 europeos) se les inyectará, una vez al mes y durante un año, 200 µg del principio activo de este candidato a medicamento. Los resultados definitivos se esperan para finales de 2017.

Una nueva clase de medicamento contra el lupus

El principio activo pertenece a la familia de los péptidos (fragmentos de proteínas) y corrige de manera específica el mal funcionamiento del sistema inmune. En ratones quedó demostrado que el principio activo podía atrasar el avance de la enfermedad, sin tener que activar por ello el sistema inmune. Se ha demostrado que Lupuzor™ también resulta eficaz en humanos, ya que al finalizar la fase II del ensayo clínico la enfermedad había remitido tras tres meses de tratamiento en el 62 % de los pacientes. «Este es el mejor resultado jamás alcanzado en el tratamiento del lupus», afirma Jana Ulbricht, del CNRS. «Si la fase III del ensayo clínico llega a ser tan exitosa como las dos anteriores, el medicamento podría comercializarse y desempeñar, por tanto, un papel fundamental en el tratamiento del lupus», añadió Ulbricht.

Autora: Beatrice Hamberger

d) Comentario a la traducción

Como se ha comentado anteriormente, en el texto original predominan las oraciones simples y las oraciones subordinadas relativas, las cuales denotan el carácter informativo del texto, así como su función explicativa. Asimismo, la presencia de oraciones impersonales con el pronombre *man* y el uso de la voz pasiva (voz cuyo uso es mucho más frecuente en alemán que en español) mostraban que el nivel de objetividad del texto es elevado. En la traducción al español se ha intentado que exista, en la medida de lo posible, cierta correspondencia sintáctica. Las oraciones simples («Lupuzor™ se encuentra ya en la fase III del ensayo clínico.» / «Los pacientes con enfermedad de Crohn o síndrome de Sjögren también podrían verse beneficiados.») y las subordinadas adjetivas («Contra el lupus eritematoso sistémico se podría administrar un medicamento que no afectara al sistema inmune» / «El lupus es una enfermedad autoinmune en la que el sistema inmune se dirige contra el propio cuerpo.» / «Este es el mejor resultado que se podía alcanzar en el tratamiento del lupus») se han conseguido mantener casi intactas en la mayoría de las ocasiones. Lo mismo ha sucedido con las oraciones impersonales (en español se ha optado por una impersonal en tercera persona con *se*: «Con los llamados inmunosupresores se busca inhibir el sistema inmune para que este no cause más daños.») y con las pasivas, salvo que en este último caso se ha optado por el uso de la pasiva impersonal refleja («Es por ello que desde hace años se investiga en otras posibilidades alternativas de tratamiento.»), o por el uso de la voz activa («Ha demostrado ser eficaz en las fases I y II del ensayo clínico.»), cuyo uso es más frecuente en la lengua española.

Podemos observar cómo la lengua alemana prefiere el indefinido para generalizar («Auch Patienten mit Morbus Crohn oder…»), mientras que la lengua española opta por relacionar la precisión con la enfermedad y no con personas concretas.

A nivel terminológico tampoco se han detectado mayores dificultades. Las tres enfermedades mencionadas en el texto origen, esto es, *systemischer Lupus, Morbus Crohn* y *Sjögren-Syndrom,* cuentan con su traducción al español («lupus eritematoso sistémico», «enfermedad de Crohn» y «síndrome de Sjögren»), muy similar a las denominaciones en alemán porque las dos lenguas utilizan los mismos cultismos y epónimos.

Cabe señalar que en el texto hay algunas dificultades terminológicas que, además de tener un cierto nivel de especialización, están cargadas culturalmente, como sucede con el nombre del centro francés de investigaciones científicas a nivel nacional. En español, este centro se denomina Centro Nacional para la Investigación Científica y para referirnos a él de manera abreviada se debe recurrir a sus siglas en francés (CNRS). En alemán sucede lo mismo con las siglas de este centro: si bien se mantienen en su idioma de origen, el centro se conoce por el nombre desarrollado de *französisches Zentrum für wissenschaftliche Forschung.*

Por último, siguiendo las recomendaciones de Claros Díaz (2009: 57–58), mantenemos el símbolo correspondiente a marca comercial no registrada que es idéntico en ambas lenguas, y usamos el símbolo de porcentaje, preferido por la Real Academia Española (citada ibid., 40), separado de la cifra por un espacio.

2.1.2 Traducción español–alemán

a) Texto origen (noticia en sitio web)

El texto para la traducción inversa es igualmente una noticia, esta vez de la Fundación Lupus de América, especializada en ofrecer información sobre la enfermedad autoinmune de naturaleza general, pero también dirigida a personas afectadas y su entorno. Dada la numerosa presencia de hispanohablantes en EE. UU., el sitio web de la fundación del que hemos extraído el texto tiene una versión inglesa y otra española.

El sitio web generó en su día, según Gawronsky (2002: 54), un nuevo tipo medial, en el que pueden combinarse diferentes géneros y diversas funciones textuales, por lo que no se pueden aplicar sin más las convenciones e interpretaciones tradicionales relativas a la macroestructura de un texto. La lectura lineal se abandona; en su lugar, el lector va saltando por la página o el sitio web, hasta que algún titular o contenido multimedial fijen su atención. En el caso de los sitios web informativos, podemos partir, además, del supuesto que el lector tiende a buscar una información concreta para así satisfacer sus preguntas. Aquí es importante distinguir los sitios dirigidos a expertos frente a los de carácter divulgativo. Asimismo, existen fuentes de carácter mixto, caso que nos ocupa, pues el sitio web incluye información tanto para consultas generales como para pacientes afectados e, incluso, para profesionales del mundo sanitario, y ofrece la posibilidad de especificar la búsqueda según tipo de usuario.

Los medicamentos que se utilizan para tratar el lupus
[…]

Medicamentos antimaláricos (también llamados antipalúdicos)
Los medicamentos antimaláricos se utilizan en combinación con esteroides y otros medicamentos, en parte, para reducir la dosis necesaria de los otros medicamentos. Los medicamentos antimaláricos son recetados, más a menudo, para las lesiones de la piel, úlceras bucales y dolor en las articulaciones, pero también pueden ser efectivas en personas con formas leves de lupus cuando la inflamación y la coagulación son preocupantes.
Los antimaláricos mejoran el lupus disminuyendo la producción de auto anticuerpos, protegen contra el daño de la luz ultravioleta del sol u otras fuentes y mejoran las lesiones de la piel.
La hidroxicloroquina y la cloroquina […] son dos tipos de medicamentos antimaláricos que son recetados con más frecuencia para el lupus. A diferencia de la respuesta rápida que se obtiene con los esteroides, con los medicamentos antimaláricos puede tomar meses antes de apreciarse su efecto.
Los efectos secundarios de los medicamentos antimaláricos son poco frecuentes y generalmente leves, incluyen malestar estomacal y cambios en el color de la piel. Los efectos secundarios usualmente desaparecen después de que el cuerpo se ajusta al medicamento.
Aunque es raro, en dosis altas y con uso prolongado, los antimaláricos pueden dañar la retina del ojo y causar problemas con la visión (toxi-

cidad retiniana). Si se usan dosis bajas de antimaláricos para el tratamiento de lupus, el riesgo de esta complicación es bajo. Sin embargo, como precaución, personas que son tratadas con antimaláricos deben obtener un examen de los ojos base antes o poco después de comenzar el medicamento y visitar a un oftalmólogo anualmente. [...]

Fuente: *https://www.lupus.org/es/resources/los-medicamentos-que-se-utilizan-para-tratar-el-lupus*

b) Notas terminológicas y gramaticales previas a la traducción

Este texto versa sobre medicamentos que se emplean para el tratamiento del lupus). Advertimos que al finalizar este libro, el artículo seguía en el listado de recursos, pero no se podía acceder al texto; este es un problema que se presenta con las fuentes tomadas de la red: generalmente son fáciles de encontrar y de recuperar, pero los enlaces rotos o las actualizaciones de contenido, entre otros, pueden dificultar la consulta. Sin embargo, tenemos conocimiento de que los datos del artículo siguen siendo actuales a fecha de hoy, por lo que consideramos que el texto sigue manteniendo su interés.

En el texto elegido, el grado de dificultad es moderado ya que el objetivo es dar respuestas a consultas básicas, como es la de los medicamentos utilizados en el tratamiento del lupus. Aun así, se emplean algunos términos especializados, a cuyo significado acceden los hablantes de lenguas de origen latino con mayor facilidad que los demás. El interés creciente del ciudadano medio por temas de salud, sin embargo, lleva a una mayor cultura general en temas sanitarios, por lo que tampoco debemos subestimar al lector.

En cuanto a la sintaxis, solo las oraciones «Aunque es raro, en dosis altas y con uso prolongado, los antimaláricos pueden dañar la retina del ojo y causar con la visión (toxicidad retiniana)» y «Sin embargo, como precaución, personas que son tratadas con antimaláricos deben obtener un examen de los ojos base antes o poco después de comenzar el medicamento y visitar a un oftalmólogo anualmente» presentan cierta dificultad, ya que las demás son breves o, en el caso de las más largas, son enumeraciones o yuxtaposiciones. Destacamos el uso de un adjetivo en Partizip I *(besorgniserregend)* que permite acortar la sintaxis y no tener que formar una oración subordinada.

Desde el punto de vista terminólogico, los siguientes vocablos especializados son los más destacables del texto:

Español	**Alemán**
antipalúdico, medicamento antimalárico	-s Antimalariamittel, Malariamittel; -s Schitonzozid
articulación	-s Gelenk
cloroquina	-s Chloroquin
coagulación	-e Blutgerinnung
complicación	-e Komplikation
dosis	-e Dosis, Dosen
examen de los ojos	-e Augenuntersuchung
hidroxicloroquina	-s Hydroxychloroquin
inflamación	-e Entzündung
lesión	-e Läsion
lesión de la piel	-e Hautläsion
luz ultravioleta	aquí: ultraviolette Strahlung
problemas con la visión	Sehstörungen
recetar	Verschreiben
respuesta	aquí: -e Wirkung
retina	-e Netzhaut
toxicidad retiniana	-e Netzhauttoxizität
tratar	Behandeln
úlcera bucal	-s Mundgeschwür; -e Ulzera

Posibles fuentes de documentación

https://www.medumio.de/	Gesundheitsakademie *Salutem Solution OHG*
https://flexikon.doccheck.com/de/	*Medizinlexikon DocCheck*
http://www.lupus-stiftung.de	Lupus Stiftung Deutschland
http://www.lupus-rheumanet.org/	Lupus Erithematodes Selbsthilfe-gemeinschaft e.V.
https://www.rheuma-online.de/	rheuma-online Verlag GmbH
tinyurl.com/4efnn7jw	Información de carácter general en alemán de la Universidad de Múnich
https://www.lupus-selbsthilfe.de/krankheitsbild.htm	Información de carácter general en alemán de la página web Lupus-Selbst-hilfe
http://www.dermis.net/dermisroot/es/38669/diagnose.htm	Entrada del glosario multilingüe Dermis sobre el lupus eritematoso sistémico
tinyurl.com/4vmeoqjh	Libro en alemán titulado *Lupus erythematodes – Information für Erkrankte, Angehörige und Betreuende*, de Matthias Schneider.
tinyurl.com/10w0drio	Entrada del glosario monolingüe alemán titulado *Patientenratgeber und kurzes Lexikon der Hautkrankheiten, Venenleiden, allergischen Erkrankungen und Kosmetischen Medizin,* de B.y M. Kardoff.
https://www.rheuma-liga.de/fileadmin/user_upload/Dokumente/Mediencenter/Publikationen/Merkblaetter/3.1_Systemischer_Lupus_erythematodes.pdf	Información de carácter general en alemán de la Deutsche Reuma-Liga Bundesverband e. V.
https://tinyurl.com/2kvfsnmd	Artículo académico en alemán sobre el lupus eritematoso sistémico (páginas 1–17)
https://tinyurl.com/17x6o8mg	Entrada sobre el lupus eritematoso sistémico en la enciclopedia alemana *Lexikon der Krankheiten und Untersuchungen,* Georg Thieme Verlag. (página 1057)

c) Texto meta (propuesta de traducción)

Medikamente zur Behandlung von Lupus
[…]

Malariamittel (auch Antimalariamittel genannt)
Malariamedikamente werden in Kombination mit Steroiden und anderen Medikamenten verwendet, zum Teil um die notwendige Dosis dieser anderen Medikamente zu reduzieren. Antimalariamittel werden am häufigsten bei Hautläsionen, Mundgeschwüren und Gelenkschmerzen verschrieben, können aber auch im Falle von besorgniserregenden Entzündungen und Störungen der Blutgerinnung bei leichteren Formen von Lupus wirksam sein.
Antimalariamittel verbessern den Lupus, indem sie die Produktion von Autoantikörpern verringern, vor Schäden durch ultraviolette Strahlung der Sonne sowie anderer Lichtquellen schützen und Hautläsionen verbessern.
Hydroxychloroquin […] und Chloroquin […] sind die zwei am häufigsten verschriebenen Malariamedikamente bei Lupus. Im Gegensatz zu den Steoriden, die eine schnelle Wirkung zeigen, können bei Malariamitteln Monate vergehen, bis ihre Wirkung spürbar wird.
Malariamedikamente lösen nur selten und dann meist leichte Nebenwirkungen aus, wie beispielsweise Magenverstimmungen und Veränderungen der Hautfarbe. Nebenwirkungen verschwinden in der Regel wieder, nachdem sich der Körper auf das Medikament eingestellt hat.
Obwohl es selten vorkommt, können Antimalariamittel in hohen Dosen und bei längerer Anwendung die Netzhaut des Auges schädigen und Sehstörungen verursachen (Netzhauttoxizität). Werden zur Behandlung von Lupus niedrige Dosen von Antimalariamitteln verwendet, ist das Risiko dieser Komplikation gering. Vorsichtshalber sollte man sich bei Behandlung mit Antimalariamitteln, vor oder kurz nach dem Einsetzen des Medikaments einer grundlegenden Augenuntersuchung unterziehen und jährlich den Augenarzt aufsuchen. […]

d) Comentarios a la traducción

En el texto origen destacamos como problemas de traducción el uso divergente de preposiciones, del singular y del plural, de expresiones personales e impersonales así como el de artículos determinados e indeterminados.

Artículos determinados e indeterminados

El uso del artículo determinado en *den Augenarzt* se debe a que la referencia subraya explícitamente la especialidad médica, frente a la que puede estar tratando la dolencia principal (reumatólogo). Asimismo, se sobreentiende que se acude a la consulta del oftalmólogo habitual, es decir, de uno determinado. En el caso de «la inflamación» y «la coagulación», cabe destacar que el alemán utiliza para generalizar el plural indeterminado, por lo que debemos traducir aquí *Entzündungen* und *Störungen*, sin artículos determinados.

Preposiciones

El uso de las preposiciones *von [+ DAT]*[7] y *bei [+ DAT]* suele ser, al igual que sucede con el aprendizaje de las preposiciones en cualquier idioma, difícil para el estudiante de alemán como lengua extranjera En el caso de la traducción propuesta para el título, el artículo determinado no se usa ya que no se trata del lupus de un paciente concreto, sino que se refiere a la enfermedad autoinmune en general. Por lo tanto, se traduce solo por *von* o, también, por *bei* (aquí con el significado de «en caso de»), y no con el artículo + *GEN*[8].

Que se utilizan…

La preposición *bei* permite ahorrarse la mitad de la frase, sustantivando el verbo «tratar» *(Behandlung)*, economía lingüística que es especialmente interesante en el caso de un titular.

7 Dativ.

8 Genitiv.

Medicamentos antimaláricos (también llamados antipalúdicos)

La lengua alemana permite formar compuestos léxicos, como en este caso. El equivalente alemán tiene una forma más similar a la española *(Antimalaria-mittel)*, otra más breve *(Malariamittel)*, en la que *-mittel* equivale a remedio, medicamento. Se ha optado por usar estos dos términos, y no utilizar ninguno más especializado, como por el contrario sucedía en el texto español, porque en este caso se reconoce como remedio contra la malaria, mientras que *Schizontozid* es un término específico de uso entre el personal sanitario. Para mantener en lo posible el formato original, hemos puesto entre paréntesis el término vernáculo menos conocido.

Úlceras bucales

Si bien la palabra *Läsion* se entiende generalmente en alemán, sobre todo por haber entrado a través del francés con el adjetivo deverbal *lädiert*, en el caso de «úlcera» debemos emplear el término vernáculo *Geschwür*, pues el término culto proveniente del latín y más parecido al español *Ulkus*, *Ulkera* se utiliza solo en el lenguaje médico.

Formas leves

En los textos alemanes, es habitual utilizar el comparativo cuando la redacción del texto lo permite por poder hacer implícitamente referencia a un elemento con el que construir la comparación.

Luz ultravioleta

Hemos optado por traducir «luz» conte «radiación» *(Strahlung)* ya que la luz la pueden percibir nuestros ojos, pero el rango ultravioleta no y, por lo tanto, en el texto origen no se emplea el término correcto. Si queremos ser precisos, debemos realizar una corrección de ese texto origen, algo que mejorará la calidad del texto, sin haber vulnerado ninguna norma de ética profesional, la cual sí se daría en el caso de una traducción jurada, caracterizadas por no ser susceptibles de cambio alguno.

2.2 Glaucoma

2.2.1 Traducción alemán-español

El género «folleto» sigue siendo un medio frecuente para la información y educación sanitaria a pacientes (v. Mayor Serrano, 2008: 1). Dicho género se presta a ser usado en fases introductorias a la traducción biosanitaria, ya que su contenido no suele ser altamente especializado. El principal motivo de este relativamente bajo nivel de especialización está relacionado con el destinatario: el público al que va dirigido un folleto informativo es amplio y no experto. Sin embargo, sí suele incluir cierto número de términos que pueden pertenecer a una o varias especialidades, lo cual permite al futuro traductor centrarse en esa característica e iniciarse paulatinamente en el campo sin ser distraído en exceso por otros elementos lingüísticos.

Asimismo, la labor divulgativa, tan característica del folleto informativo, no impide, en el caso de la lengua española, el empleo, con cierta frecuencia, de cultismos de origen latino o griego, pues estos suelen estar presentes en la lengua común debido al origen romance del español. Por el contrario, la lengua alemana es más propensa al uso de nombres vernáculos, sobre todo, si el texto tiene carácter divulgativo, ya que se considera que un paciente de formación media no estará familiarizado con dichos cultismos, dado que el origen del alemán no es romance.[9]

a) Texto origen (folleto informativo)

Werden Sie nicht blind

Etwa 800.000 Menschen sind in Deutschland offiziell am Glaukom erkrankt. Die Dunkelziffer liegt höher. Denn viele Betroffene haben noch

9 Respecto de este fenómeno recomendamos la lectura de Quijada Diez (2013).

nicht bemerkt, dass sie krank sind. Beim Glaukom sterben die Fasern des Sehnervs nämlich schleichend ab. Unwiederbringlich. Registriert der Betroffene schließlich seine Gesichtsfeldausfälle, sind oft bis zu 90 Prozent der Nervenzellen bereits tot. Deshalb ist es so wichtig, das Glaukom so früh wie möglich zu erkennen.
Hierzu untersucht der Augenarzt die Papille – die Stelle, an der der Sehnerv den Augapfel verlässt. Weitere Untersuchungen klären Risikofaktoren ab: Er misst den Augendruck, die Dicke der Hornhaut, überprüft das Gesichtsfeld. Darüber hinaus erlauben moderne Verfahren, Veränderungen am Sehnerv sehr früh darzustellen. Einer der zentralen Risikofaktoren ist das Alter. Ab 40 sollte jeder alle zwei Jahre zur Glaukomvorsorge mit Untersuchung der Papille gehen. Leider bezahlt die Krankenkasse dies nur bei „begründetem Krankheitsverdacht". Dann allerdings ist der Sehnerv schon geschädigt. Irreparabel.
Was ist das: ein Glaukom?
Oder besser gesagt, was sind Glaukome? Was unterscheidet den Grünen Star (Glaukom) vom Grauen Star (Katarakt)?
Als Glaukome bezeichnet man eine Vielzahl von Augenkrankheiten, die zu einem gemeinsamen und höchst traurigen Resultat führen, wenn sie denn nicht rechtzeitig erkannt und behandelt werden: Sie zerstören den Sehnerv. Der Einfachheit halber soll im Folgenden von „dem Glaukom" gesprochen werden; auch die überkommene Bezeichnung für die Krankheit ließ an eine Einheitlichkeit des Leidens denken. Früher nämlich nannte man das Glaukom den „Grünen Star", ein Begriff, der auch deshalb nicht mehr benutzt werden sollte, weil er zu Verwechslungen mit dem „Grauen Star" geradezu einlädt. Dieser ist eine Trübung der Augenlinse, wird in der medizinischen Terminologie Katarakt genannt und ist mit einer Operation gut zu behandeln.

Fuente: *https://www.stada.de/uploads/tx_pnstdbooklets/docs/star332.pdf*

b) Notas terminológicas y gramaticales previas a la traducción

Este folleto informativo destaca, al igual que sucedía con la anterior noticia sobre el lupus, por su carácter explicativo y su objetividad. Sin embargo, existen ciertas diferencias, tanto referentes a la gramática como al léxico, que lo distancian del texto anterior y lo sitúan en un nivel de especialización ligeramente más elevado.

Desde el punto de vista sintáctico, este folleto sobre el glaucoma se caracteriza por mostrar una mayor subordinación. Mientras que en la noticia abundaban las oraciones cortas y simples y, dentro de las oraciones subordinadas, solo sobresalían las adjetivas, en el presente texto, a pesar de que también se encuentran oraciones simples *(Etwa 800.000 Menschen sind in Deutschland offiziell am Glaukom erkrankt. / Die Dunkelziffer liegt höher.)*, las oraciones tienden a ser compuestas y a estar formadas por varias subordinadas. Véanse los siguientes ejemplos:

> ***Registriert*** *der Betroffene schließlich seine Gesichtsfeldausfälle,* ***sind*** *oft bis zu 90 Prozent der Nervenzellen bereits tot.*
> (Oración subordinada condicional con Partizip II)
>
> ***Deshalb ist*** *es so wichtig, das Glaukom so früh wie möglich* ***zu erkennen.***
> (Oración subordinada causal con la conjunción *deshalb* e infinitivo con *zu)*
>
> *Als Glaukome* ***bezeichnet*** *man eine Vielzahl von Augenkrankheiten,* ***die*** *zu einem gemeinsamen und höchst traurigen Resultat* ***führen, wenn*** *sie denn nicht rechtzeitig* ***erkannt und behandelt werden.***
> (Oración subordinada de relativo introducida por el pronombre *die*, que a su vez contiene otra oración subordinada condicional, en voz pasiva, introducida por la conjunción *wenn*)

Dicho nivel de subordinación suele dificultar la labor del traductor novel alemán–español, por lo que, antes de abordar la traducción, se recomienda realizar un breve trabajo de análisis sintáctico en el que se reconozcan los verbos y las conjunciones que forman las respectivas oraciones subordinadas, para así no caer en errores de sentido o faltas de comprensión que puedan afectar negativamente al texto meta.

En lo que respecta a la terminología, el presente folleto se caracteriza sin embargo por presentar más términos especializados que el anterior, como se verá a continuación en el cuadro. Dicha terminología está relacionada, en su totalidad, con una especialidad médica concreta (la oftalmología) y, dentro de esta, con una enfermedad determinada (el glaucoma). Por ello, al tratarse de un folleto informativo, el vocabulario estará relacionado exclusivamente con esta enfermedad oftálmica, sino con la fisiología del ojo, debido a que la finalidad del texto es proporcionar a los pacientes que sufren de glaucoma y a sus familiares un mayor conocimiento de lo que les sucede y cómo.

Alemán	**Español**
-r Augapfel	globo ocular
-r Augendruck	presión ocular
-s Gesichtsfeld	campo visual
-s Glaukom	glaucoma
-r graue Star (starren) (Katarakt)	catarata
-r grüne Star (starren) (Glaukom)	glaucoma
-e Hornhaut	córnea
-e Papille	papilas
-r Sehnerv	nervio óptico

El hecho de que el texto sea levemente más especializado que el anterior y, por tanto, presente una mayor complejidad a nivel gramatical y léxico, tiene que ver con la naturaleza del texto en sí. Mientras que la noticia va dirigida al público en general y busca ser leída por el mayor número posible de personas, el folleto informativo de una enfermedad concreta está dirigido a un público más específico, formado por las personas que padecen dicha enfermedad y sus familiares, principalmente (quede aquí constancia de que no se descartan otro tipo de lectores, como estudiantes de medicina, por ejemplo); de ahí que el nivel de especialización sea mayor.

Posibles fuentes de documentación

https://www.asociaciondeglaucoma.es	Sitio web de la Asociación de Glaucoma para Afectados y Familiares (AGAF)
https://www.imo.es/es/glaucoma	Información de carácter general en español del Instituto de microcirugía ocular
https://www.sanitas.es/sanitas/seguros/es/particulares/biblioteca-de-salud/prevencion-salud/glaucoma-tipos-tratamiento.html	Información de carácter general en español sobre los tipos de glaucoma de la página web de Sanitas
https://pdfs.semanticscholar.org/39bd/17e92fcc5944468a9aa4eec-cb0ed900213b1.pdf	Artículo «Glaucoma primario de ángulo abierto», publicado por la doctora Brechtel-Bindel et al. en la revista del Hospital General Dr. Manuel Gea González
http://zeitzfrankozeitz.de/index.php/fachwoerterbuch.html	Diccionario multilingüe de términos relacionados con la oftalmología

c) Texto meta (propuesta de traducción)

No se quede ciego

Alrededor de 800.000 personas en Alemania han sido diagnosticadas de glaucoma. En realidad, esta cifra es más alta, ya que muchos de los afectados aún no se han percatado de que están enfermos. Y es que el glaucoma destruye las fibras del nervio óptico de forma lenta e irremediable. Para cuando los pacientes se dan cuenta finalmente de la pérdida de campo visual, ya ha muerto hasta el 90 % de las células nerviosas. Por eso es tan importante que el glaucoma se detecte lo antes posible.

Para ello, el oftalmólogo examina las papilas (la zona por la que el nervio óptico sale del globo ocular) y realiza otras pruebas para aclarar factores de riesgo: mide la presión ocular, el grosor de la córnea y revisa el

campo visual. Además, existen procedimientos modernos que permiten detectar anomalías en el nervio óptico en un estadio muy temprano. Uno de los principales factores de riesgo es la edad. A partir de los 40, todo el mundo debería acudir cada dos años a una revisión preventiva de glaucoma que incluya las papilas. Por desgracia, los seguros médicos solo cubren este tipo de revisión en caso de «sospechas fundamentadas de padecer la enfermedad». Sin embargo, para entonces el nervio óptico ya estará dañado de forma irreversible.
¿Qué es el glaucoma?
O mejor dicho: ¿qué enfermedades comprende el glaucoma? ¿Cómo se distingue de las cataratas?
Por glaucoma se entiende una serie de enfermedades oculares que sin diagnóstico ni tratamiento inmediatos conducen a un mismo y triste resultado: la destrucción del nervio óptico. Para simplificar, hablaremos a partir de ahora sencillamente de «glaucoma»; asimismo la denominación habitual de la enfermedad solía inducir a pensar en una uniformidad de la enfermedad. Y es que el glaucoma tiende a ser confundido con la catarata. Esta última es una opacidad del cristalino que se trata con una operación.

d) Comentario a la traducción

El principal problema de esta traducción es de carácter terminológico y cultural. En alemán, la enfermedad del glaucoma *(Glaukom)* es conocida comúnmente como *Grüner Star* y tiende a confundirse con la catarata *(Katarakt),* a la que se le suele llamar *Grauer Star.*

De primeras, se suele pensar que el significado, tanto de *Grüner Star* como de *Grauer Star,* guarda relación con el pájaro conocido como estornino el cual, por lo general, suele ser de color negro. *Star* en alemán es además un anglicismo que significa «estrella» (en referencia a la persona que sobresale en su profesión, siendo esta generalmente el mundo del espectáculo). La traducción española del glaucoma, en su variante más común y coloquial, debería ser la de «estornino verde» y la de la catarata, «estornino gris». Sin embargo, en alemán, *Grüner Star,* cuando hace alusión al glaucoma, viene del verbo *starren,* que significa «fijar la mirada». Por consiguiente, la traducción correcta de *Grüne* y *Graue Star* sería la de «mirada verde» y «mirada gris», respectivamente[10].

Ambas traducciones, no obstante, son traducciones imposibles, debido a que en español solo existe un término (tanto especializado como coloquial) para hacer referencia a estas dos enfermedades: el glaucoma y la catarata. La única estrategia de traducción que se puede emplear en este caso es la omisión del término común en alemán. Sin embargo, ¿qué se puede hacer cuando en el texto origen aparece un párrafo dedicado a tratar, desde un punto de vista terminológico, la diferencia existentes entre *Grüner Star* y *Grauer Star?*

Veamos, en primer lugar, cómo sería la traducción literal de dicho párrafo:

Texto origen

Was ist das: ein Glaukom?

Oder besser gesagt, was sind Glaukome? ***Was unterscheidet den Grünen Star (Glaukom) vom Grauen Star (Katarakt)?***

Früher nämlich nannte man das Glaukom den „Grünen Star", ein Begriff, der auch deshalb nicht mehr benutzt werden sollte, weil er zu Verwechslungen mit dem „Grauen Star" geradezu einlädt. Dieser ist eine Trübung der Augenlinse, wird in der medizinischen Terminologie Katarakt genannt und ist mit einer Operation gut zu behandeln.

Texto meta

¿Qué es el glaucoma?

O mejor dicho: ¿qué son los glaucomas? **¿Qué diferencia hay entre la mirada verde (glaucoma) y la mirada gris (catarata)?**

---

10 Consúltense, para una mayor información sobre la procedencia y el significado de *Grüner Star* el diccionario etimológico alemán *Kluge* y el sitio web alemán http://www.farbimpulse.de/Warum-der-Gruene-Star-eigentlich-gar-nicht-gruen-ist.441.0.html. Por cierto, según el Diccionario de la Real Academia Nacional de Medicina de España, un sinónimo en desuso de glaucoma sería «catarata verde», pues según su origen etimológico helénico, glauk- significaría 'verde azulado' y su denominación en griego significaba también 'catarata incurable'.

Antes, al glaucoma se le conocía como «mirada verde», concepto que ya no debería usarse debido a que incita a ser confundido con la «mirada gris». Esta última es una opacidad del cristalino que en la terminología médica recibe el nombre de catarata y se trata con una operación.

Como se puede observar, la confusión terminlógica que existe en alemán no es trasladable al español. Por tanto, existen básicamente dos posibles soluciones:

- La primera consiste en la omisión del párrafo en cuestión. De este modo, la traducción terminaría con la frase «Para simplificar, se hablará a partir de ahora de "glaucoma", ya que la denominación tradicional de la enfermedad lleva a pensar a que existe una uniformidad en el padecimiento.»
- La segunda opción es modular (y domesticar, al mismo tiempo) el texto meta, de tal manera que las enfermedades del glaucoma y la catarata, así como la posible confusión entre estas, queden reflejadas en la traducción. El glaucoma y la catarata son dos de las enfermedades oftálmicas más comunes yconocidas. A pesar de que en español no suelen confundirse desde el punto de vista terminológico, debido a que no hay parecido alguno entre los dos términos, sí es cierto que, como enfermedades oculares que, si no se tratan a tiempo, pueden conducir a la ceguera, suelen ser intercambiables por los pacientes legos en la materia[11]. Por consiguiente, una posible traducción podría ser:

  «El glaucoma tiende a ser confundido con la catarata. Esta última es una opacidad del cristalino que se trata con una operación.»

11 Para obtener esta información hemos recurrido a un especialista en Oftalmología. Agradecemos al Dr. Cayetano Domínguez, del Hospital Regional Universitario de Málaga, su disponibilidad y la información sobre el glaucoma y la catarata que ha tenido a bien facilitarnos.

Otra dificultad la constituye la traducción de la oración abreviada «Unwiederbringlich». Para el lector alemán, la abreviación sintáctica consigue un ritmo que transmite un matiz dramático, pero en el texto dirigido al lector español estaría fuera de lugar; de ahí que se haya optado por unir las dos frases en una sola enumeración.

2.2.2 Traducción español–alemán

a) Texto origen (folleto informativo)

El texto utilizado es un folleto informativo sobre el glaucoma, publicado conjuntamente por el Ilustre Colegio Oficial de Médicos de Valencia, el Colegio de Ópticos-Optometristas de la Comunidad Valenciana y la Sociedad Oftalmológica de la Comunidad Valenciana. Fue distribuido con ocasión de la Campaña Mundial «Semana del Glaucoma».

En este folleto encontramos información general sobre la enfermedad del glaucoma y su prevención. Su estructura muestra los apartados que normalmente presenta este género textual: información general, causas, síntomas, diagnóstico, tratamiento y más información.

Dicho texto, a la hora de ser traducido hacia el alemán, presentará mayores dificultades terminológicas y de registro que cuando la traducción se realiza de manera inversa (alemán–español). Este cambio de registro y de falta, en cierta medida, de univocidad a nivel terminológico en la dirección español–alemán deberán ser tenidos en cuenta por los traductores noveles.

¿Cuantos tipos de Glaucoma hay?

Aunque hay muchos tipos de glaucoma el más común es el de ángulo abierto, el cual afecta al 95% de los pacientes afectados

La mayoría de los glaucomas no suelen presentar síntomas en los estadios iniciales hasta que se produce un daño visual permanente con una pérdida irreversible del campo visual, por ello es muy importante el control preventivo.

Algún tipo de glaucoma sí presenta síntomas repentinos pudiendo ocasionar ceguera en cuestión de pocos días si no se trata.

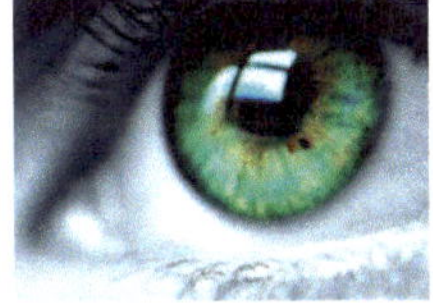

Con motivo de la Semana Mundial del Glaucoma, queremos animar a toda la población de la Comunidad Valenciana que se someta a una toma de presión ocular en su óptica habitual

Más información

Para prevenir esta enfermedad que puede afectar a nuestra calidad de vida debemos tomar conciencia e **INFORMARNOS**

INFORMACIÓN + PREVENCIÓN = SALUD

Sitios y personas que nos pueden ayudar y orientar:

- Organización Mundial de la Salud
- Ministerio de Salud Nacional
- Centros de Salud locales
- Profesionales de la Visión: médicos, oftalmólogos, ópticos-optometristas

Recursos especializados de Internet:

http://willsglaucoma.org/spanish/education.htm
http://www.wgweek.net/

Autores: Laura Brusi, Andrés Gené, Iván Noriega

COLEGIO DE ÓPTICOS-OPTOMETRISTAS
DE LA COMUNITAT VALENCIANA

Información y Prevención del Glaucoma

¿Qué es el Glaucoma?

Es una enfermedad que afecta al nervio óptico del ojo y que puede llevar a pérdidas visuales severas y hasta la ceguera si no se recibe el tratamiento adecuado

¿A quién afecta?

Al 6% de la población entre 40 y 60 años, incrementándose el riesgo con la edad, y en personas con antecedentes familiares

Más frecuente en hombres

4 veces más prevalente en sujetos de raza negra Puede

asociarse con enfermedades generales como:

- Hipertensión – hipotensión arterial
- Diabetes – trastornos vasculares
- Enfermedades inmunológicas
- Cirugías oculares
- Fármacos como antidepresivos y ansiolíticos

Una persona con Glaucoma no debe olvidar ningún día ponerse las gotas

Los controles preventivos evitan los daños irreversibles que **conducen a la ceguera**

¿Cuáles son los síntomas?

En la mayoría de las ocasiones el aumento de la presión intraocular en su etapa inicial no produce molestias aparentes, el paciente no nota nada, tal como avanza se produce una pérdida más evidente de la visión periférica, (se tropieza habitualmente con los objetos del entorno) y finalmente se afecta la visión central desembocando en la ceguera. Tan sólo en las formas agudas de glaucoma de ángulo cerrado, se produce un dolor intenso, que afecta a un porcentaje reducidísimo de casos.

¿Cómo se detecta?

- Con un examen de rutina
- Control de la visión
- Control de diversos parámetros como el fondo ocular, la presión intraocular, el campo visual, etc

¿A quién acudir?

- Al Optico-Optometrista
- Al Médico Oftalmólogo

INFORMACIÓN Y PREVENCIÓN DEL GLAUCOMA

Cuando se ha sospechado de diagnóstico de glaucoma, el paciente debe acudir para ser tratado a un oftalmólogo. La mayor parte de las veces, si el tratamiento y la respuesta al mismo son adecuadas, se puede mantener la visión y continuar disfrutando **de la vida con normalidad, sin olvidar nunca acudir a las revisiones de su optometrista y oftalmólogo.**

¿Cuáles son los tratamientos?

Dependiendo del tipo de glaucoma puede ser:

- con medicamentos
- con cirugía tradicional
- con cirugía laser

b) Notas terminológicas y gramaticales previas a la traducción

Desde el punto de vista terminológico, destacamos los siguientes términos especializados y su traducción al alemán:

afectar	betreffen
ansiolítico	-s Beruhigungsmittel
antidepresivo	-s Antidepressivum (utilícese generalmente en plural: Antidepressiva)
campo visual	-s Gesichtsfeld
ceguera	-e Blindheit (estado final), -e Erblindung (proceso de pérdida grave de visión)
cirugía	-e Operation
~ láser	-e Laserbestrahlung
~ tradicional	-e herkömmliche Chirurgie
control de la visión	-r Sehtest
control preventivo	-e Vorsorgeuntersuchung
detectar	erkennen
diabetes	-s Diabetes, -e Zuckerkrankheit
enfermedad	-e Krankheit (curable); -e Erkrankung (no curable)
~ inmunológica	-e Immunerkrankung
examen de rutina	-e Routineuntersuchung
fondo ocular	-r Augenhintergrund
glaucoma	-s Glaukom, -r Grüne Star
~ de ángulo abierto	-s Offenwinkelglaukom
~ de ángulo cerrado	-s Engwinkelglaukom
hipertensión (arterial)	-r Bluthochdruck
hipotensión (arterial)	niedriger Blutdruck
oculista	-r Augenarzt
óptica	-s Optikergeschäft
óptico	-r Optiker

optometrista	-r Optometrist
Organización Mundial de la Salud	-e Weltgesundheitsorganisation
presión intraocular	-r Augeninnendruck
prevención	-e Vorsorge
respuesta	-e Reaktion
revisión	-r regelmäßige Besuch bei einem (Fach-)Arzt
síntoma	-s Symptom
trastorno vascular	-e Gefäßerkrankung
tratamiento	-e Behandlung
visión	-s Sehvermögen
visión central	-e zentrale Sehschärfe
visión periférica	-r Rand des Gesichtsfeldes

Posibles fuentes de documentación

https://www.apotheken-umschau.de/Gruener-Star	Información de carácter general en alemán de la página web Apotheken Umschau
http://cms.augeninfo.de/fileadmin/pat_brosch/glaukom.pdf	Información de carácter general en alemán sobre el glaucoma por parte de la Berufsverband der Augenärzte Deutschlands
http://www.augenklinik.med.tum.de/node/225	Información en alemán de la Universidad Técnica de Múnich sobre los tipos de glaucoma y su diagnóstico
https://www.brillen.de/glossar/glaukom?hsLang=de-de	Glosario monolingüe alemán de términos relacionados con los ojos y sus enfermedades
https://www.bundesverband-glaukom.de	Página web de la asociación Bundesverband Glaukom-Selbsthilfe e. V. con información en alemán

http://www.glaukom.de	Página web de información general en alemán sobre el glaucoma, su tratamiento, diagnóstico, etc.
http://zeitzfrankozeitz.de/index.php/fachwoerterbuch.html	Diccionario multilingüe de términos relacionados con la oftalmología

En este breve texto podemos observar algunas de las dificultades frecuentes en la traducción entre el español y el alemán: cambios en sintaxis, uso de preposiciones y diferencias en el uso de artículos determinados e indeterminados.

Artículos determinados e indeterminados

La divergencia en el uso de los artículos determinados e indeterminados es un aspecto que ya ha sido tratado en el anterior texto de traducción inversa. Transgrediría los límites de este comentario explicar en profundidad los respectivos usos en una lengua y otra; sin embargo, podemos afirmar que mientras el español prefiere el artículo determinado cuando se trata de definiciones («¿Qué es el glaucoma?»), el alemán entendería ese uso como señalando a uno específico, y no a la enfermedad en general. Aquí se usa el artículo indeterminado (*Was ist ein Glaukom?*). El artículo determinado también se emplea en la enumeración de los organismos que nos pueden orientar, cuando se trata de concretar, mientras que cuando se refiere a instituciones o personas diversas, omite el artículo en el indeterminado plural. En la misma línea encontramos en el texto meta la ausencia de artículos reflejando indeterminación en la oración *Vorsorgeuntersuchungen verhindern irreversible Schäden, die zur Erblindung führen.*

Otro ejemplo de un uso divergente de artículos es la sustitución del artículo determinado por *zur* en *Kampagne zur Weltglaukomwoche.* En su función modal significa «referente a» o «con ocasión de» y suele emplearse para hacer referencia a eventos temáticos, como en este caso. No sonaría idiomático utilizar en su lugar *der,* pues con el artículo determinado se forma el genitivo y, por lo tanto, aquí realizaría una personalización de *Weltglaukomwoche*, distorsionando el sentido de la frase.

La traducción literal de «Una persona con glaucoma no debe olvidar ningún día ponerse las gotas» resultaría rara porque el alemán, de nuevo, en este contexto lo entendería más bien como una referencia a una persona concreta singularizada. Asimismo tampoco se puede emplear *Mensch* o *Person*. Por lo tanto, hemos tenido que realizar una ampliación (*Patienten*) y utilizar el plural indeterminado, para que así se comprenda que se trata de una recomendación general. El que sea una advertencia se indica mediante el verbo modal *sollen*, que recoge esta función.

Preposiciones

En cuanto a las preposiciones, destacamos la redacción habitual a la hora de dar una definición, con la preposición *bei [+ DAT]*, cuyo uso ocasiona problemas a los hablantes españoles, pues puede expresar significados tan diversos como cerca / al lado de (local), en casa de (local), en el caso de (modo) y en muchos casos de expresiones fijas, entre otros. En el presente texto significa «en el caso de».

Cuando recibimos un encargo de traducción, el texto origen no siempre está redactado de manera impecable. El presente folleto es susceptible de algunas mejoras que, en el texto meta, podemos recoger. El apartado *¿Cómo se detecta?* mejoraría si en todos los puntos del listado empezáramos con una preposición, y no solo en el primero. En el texto meta así lo hemos hecho: las diferentes preposiciones expresan con gran exactitud el modo de detección del glaucoma (*bei* – durante; *mit* – con la ayuda de; *durch* – mediante / a través de).

Nexos

Un aspecto que debemos tener en cuenta al traducir y que ayuda a que los textos resulten idiomáticos es el uso de los conectores, en ocasiones muy diferente entre el español y el alemán. Un ejemplo se observa en la oración *Betroffen…, wobei das Risiko …steigt*: se ha utilizado el adverbio pronominal *wobei* para unir las frases que, si se calcaran en sus estructuras, resultarían yuxtapuestas inconexas en alemán, cuando el texto origen las relaciona estrechamente.

Gerundio

El gerundio español expresa simultaneidad, y al trasvasarlo al alemán, con frecuencia el *Partizip I,* que tendría la misma función gramatical, no funciona desde un punto de vista estilístico. Por eso, en uno de los casos se cambia el enfoque y la marca la lleva en alemán un complemento de «edad» (*mit zunehmendem Alter*). En el otro, se desarrolla una subordinada (*...und eine vollständige Erblindung eintritt*).

c) Texto meta (propuesta de traducción)

Information und Vorsorge bei Glaukom (Grüner Star)
Kampagne zur Weltglaukomwoche

Was ist ein Glaukom?
Das Glaukom ist eine Augenerkrankung, die zu einer Schädigung des Sehnervs führt. Diese kann zu starkem Verlust des Sehvermögens und, ohne entsprechende Behandlung, sogar zur Erblindung führen.

Wer ist betroffen?
Betroffen sind 6 Prozent der Bevölkerung zwischen 40 und 60 Jahren, wobei das Risiko mit zunehmendem Alter sowie bei Glaukomerkrankungen in der Familie steigt.

Männer sind häufiger betroffen.

Die Erkrankung tritt bei Menschen schwarzer Hautfarbe viermal häufiger auf.

Erscheint auch in Verbindung mit anderen Krankheiten wie z.B.:
- Bluthochdruck – niedriger Blutdruck
- Diabetes – Gefäßerkrankungen
- Immunerkrankungen

Augenoperationen
Arzneimittel wie Antidepressiva und Beruhigungsmittel

Betroffene Patienten sollten an die tägliche Verwendung von Augentropfen denken.

Vorsorgeuntersuchungen verhindern irreversible Schäden, die zur Erblindung führen.

Welche Symptome treten auf?
In den meisten Fällen verursacht ein erhöhter Augeninnendruck im Anfangsstadium keine Beschwerden, sodass der Patient keine Veränderung bemerkt. Erst bei weiterem Fortschreiten der Erkrankung kommt es zu einem Verlust der Sehschärfe am Rande des Gesichtsfeldes (und führt zu häufigem Stolpern über nahe Gegenstände), bis schließlich die zentrale Sehschärfe betroffen wird und eine vollständige Erblindung eintritt. Starke Schmerzen stellen sich nur bei akuten Formen des äußerst seltenen Engkwinkelglaukoms ein.

Wie erkennt man ein Glaukom?
Bei einer Routineuntersuchung
Mit einem Sehtest
Durch verschiedene Parameterkontrollen des Augenhintergrundes, des Augeninnendrucks, des Gesichtsfeldes, u.a.

An wen kann man sich wenden?
An den Optiker / Optometristen
An den Augenarzt

INFORMATION UND VORSORGE BEI GLAUKOM
Bei Verdacht auf Glaukom sollte der Patient einen Augenarzt aufsuchen. In den meisten Fällen kann das Sehvermögen erhalten bleiben und der Patient sein Leben völlig normal weiterführen, sofern die Behandlung und die Reaktion auf diese positiv anschlagen. Wichtig ist jedoch, dass

die regelmäßigen Besuche bei Optiker und Augenarzt eingehalten werden.

Welche Behandlungsmöglichkeiten gibt es?
Abhängig von der Art des Glaukoms gibt es folgende Möglichkeiten:
mit Medikamenten
mit herkömmlicher Chirurgie
mit Laserbestrahlung

Welche Formen von Glaukom gibt es?
Es gibt viele Glaukomformen, aber am häufigsten ist das Offenwinkelglaukom, das 95 Prozent der Glaukompatienten betrifft.
Die meisten Formen des Glaukoms zeigen in der Regel keine Symptome im Anfangsstadium bis ein dauerhafter Sehschaden mit irreversiblem Sehverlust des Gesichtsfeldes eintritt. Deshalb ist eine Vorsorgeuntersuchung sehr wichtig.
Einige Glaukomformen gehen jedoch mit plötzlich eintretenden Symptomen einher und können innerhalb von wenigen Tagen zur Erblindung führen, sofern keine Behandlung erfolgt.

Die Spezialisten in der Autonomen Gemeinschaft Valencia empfehlen Ihnen anlässlich der Weltglaukomwoche eine Messung des Augendrucks in Ihrem Optikergeschäft.

Weitere Information
Um dieser Erkrankung vorzubeugen, die die Lebensqualität einschränken kann, ist müssen wir uns bewusst informieren.

INFORMATION + VORSORGE = GESUNDHEIT

Orientierung und Hilfestellung geben können:
die Weltgesundheitsorganisation
das Gesundheitsministerium

lokale Gesundheitszentren
Augenexperten: Allgemeinärzte, Augenärzte, Optiker / Optrometristen

Weitere Informationen erhalten Sie auf folgenden Websites:

http://willsglaucoma.org/spanish/education.htm
http://www.wgweek.net/

Autoren: Laura Brusi, Andrés Gené, Iván Noriega

[Ärztekammer Valencia, Optiker- und Optometristenkammer der Autonomen Gemeinschaft Valencia, Augenärztekammer der Autonomen Gemeinschaft Valencia]

d) Comentario a la traducción

A continuación, destacamos algunas de los elementos sintácticos, léxicos, culturales e, incluso, paratextuales en español que han supuesto un reto a la hora de ser traducidos al alemán.

Es una enfermedad que…

Hubiéramos podido optar por redactar una definición utilizando la expresión … *handelt es sich um…* («se trata de…»). Sin embargo, ante la limitación de espacio, se prefirió recurrir a la opción más concisa con el verbo *sein*. Además, estilísticamente el alemán prefiere repetir el sujeto cuando se va a dar una definición del mismo, por lo que lo explicitamos en la primera oración a diferencia del texto origen.

Léxico divulgativo *versus* términos del lenguaje especializado

El folleto es un texto con función informativa, dirigido a un público generalista, no especializado. Esto se evidencia, entre otros, en el léxico que se utiliza. Así, cuando se hace referencia a la enfermedad, en la traducción alemana la primera vez se debe indicar el nombre vulgar entre paréntesis o, incluso, utilizar solo el vulgarismo para que cualquier lector entienda a qué hace referencia el término. Aquí tenemos el caso de *Glaukom (Grüner Star)* y de *Beruhigungsmittel* en lugar de *Tranquilizer* o *Anxiolytika.* Los médicos hablan de *Blutniederdruck*, pero no es el término utilizado habitualmente por el hablante medio, por lo que hemos preferido traducirlo por *niedriger Blutdruck*. En este contexto cabe destacar que algunos cultismos de origen latino sí han entrado en la lengua común como, por ejemplo, *Antidepressiva* o *Diabetes*, casos en los que podemos mantener el término.

Sujetos de raza negra

Ya en el texto origen esta redacción suena extraña. El uso de la palabra «raza» en el caso de los seres humanos se ha quedado obsoleto dado que las investigaciones han descalificado el empleo de esta clasificación en la especie humana. Además, se puede hablar de «sujetos» en los ámbitos estadístico y experimental, pero como el texto no hace estrictamente referencia a ellos, resuena el uso despectivo que se hace de esta palabra. La traducción literal queda fuera de toda consideración, y tampoco es posible utilizar el eufemismo *farbig* (de color), ya que el grado de pigmentación de la piel parece influir en el riesgo de desarrollar un glaucoma y, por ende, estaríamos siendo poco exactos. En el texto meta se ha optado por *Menschen schwarzer Hautfarbe.* Por una parte, *Menschen* es una denominación genérica y respetuosa; por otra *schwarze Hautfarbe* cumple con la precisión y no tiene ninguna connotación despreciativa.

Compuestos léxicos

Un recurso frecuente del alemán para crear nuevas palabras es la composición léxica auténtica. Así, podemos cómodamente crear el compuesto *Weltglaukomwoche*, encontrado en textos paralelos. Otros compuestos que utilizamos en el texto meta son, por ejemplo, *Vorsorgeuntersuchungen, Augeninnendruck, Engwinkel- / Weitwinkelglaukom, Routineuntersuchung, Seh-*

test, Parameterkontrollen y *Augenhintergrund*, que recogen lo que en español suelen ser compuestos sintagmáticos o la estructura sustantivo + adjetivo. Dado que la formación de compuestos léxicos en alemán no siempre sigue las mismas normas y en el caso de interfijos de unión (*Fugenelemente*) pueden darse varias opciones (-s, -n son los más frecuentes, pero no los únicos), se recomienda documentarse para evitar errores y buscar los términos en textos paralelos.

Krankheit versus *Erkrankung, Blindheit* versus *Erblindung*

El alemán distingue entre *Krankheit* y *Erkrankung*. El primer término hace referencia a una enfermedad reversible, mientras que el segundo lo hace a una que no lo es. Cabe comentar en este contexto que el verbo *erkranken* también recoge el proceso de contraer una enfermedad, por lo que el sustantivo correspondiente en ocasiones también puede tener ese significado.

Asimismo, mientras que *Erblindung* se refiere al avance gradual de la ceguera, *Blindheit* hace referencia al estado final de carencia total de visión.

Porcentajes

Los porcentajes en español se suelen expresar mediante la cifra junto al símbolo correspondiente, mientras que en los textos alemanes se tiende a evitar el uso del símbolo y se prefiere utilizar la palabra *Prozent (véase al respecto el comentario a la traducción del texto sobre afasia al español)*. Tanto en español como en alemán, número y símbolo se separan mediante un espacio.

Abreviaciones

El uso de ciertas abreviaciones en todo género textual es muy común en alemán, como las de *z.B. – zum Beispiel, u.a. – unter anderem*, y está especialmente indicado cuando nos encontramos con limitaciones de espacio, por ejemplo, en el caso de folletos.

Registro

Los textos divulgativos se dirigen con frecuencia directamente al lector, con el fin de reflejar la función apelativa. El alemán suele hacerlo utilizando la forma de cortesía (*empfehlen Ihnen*). Sin embargo, en textos formales no publicitarios, es frecuente que el autor del texto se mantenga al margen, a diferencia del español, por lo que optamos por hacer referencia a los editores de manera impersonal (*Die Spezialisten in der Autonomen Gemeinschaft Valencia…*).

Culturemas

En este caso tenemos, por un lado, la referencia a la Comunidad Valenciana y, por otro, a los editores que son instituciones oficiales. Cuando se trata de topónimos, se puede solventar recurriendo a textos paralelos fidedignos o fuentes oficiales. Así, hemos consultado la web de la Embajada Alemana en Madrid para saber cómo denominaban oficialmente las diferentes comunidades autónomas. En cuanto a las instituciones, muchas veces no encontramos traducciones normalizadas si son de carácter regional o local, en cuyo caso debemos pasar a una traducción literal. En cuanto a las referencias en forma de logotipos, si la traducción se realiza con fines informativos, es conveniente ponerlos entre corchetes para indicar el formato especial. Si la traducción se realiza para producir una versión alemana del folleto, se debería bien mantener los logotipos originales bien, si fuera legalmente aceptable, sustituir el texto español por el alemán, manteniendo los elementos gráficos.

Cambios paratextuales de tipo funcional

En toda traducción se ha de tener en cuenta la finalidad de la misma. Si la traducción de este texto se realiza exclusivamente para informar al cliente del contenido del folleto, se mantendrían los enlaces originales que se proponen para quien quiera profundizar en el tema. Sin embargo, si el texto meta se realiza como versión alemana del folleto y el cliente aspira a que sus receptores sean capaces de seguir documentándose, se deberán proponer enlaces alternativos en lengua alemana y de la misma temática, buscando previa conformidad del cliente.

2.3 Afasia

2.3.1 Traducción alemán-español

a) Texto origen (folleto informativo)

Aphasie
Informationen für Betroffene und Angehörige

Eine Aphasie wird meist durch einen Schlaganfall verursacht, der häufig ohne Ankündigung und sehr plötzlich auftritt. In Zahlen:

- Er trifft pro Jahr 270.000 Menschen in Deutschland, 80 % davon sind älter als 60 Jahre, aber auch 300 Kinder sind pro Jahr betroffen.
- Insgesamt leiden 1.000.000 Menschen unter generellen Schlaganfallfolgen. 100.000 von ihnen haben eine Aphasie, pro Jahr kommen 25.000 neu erkrankte Personen hinzu.

Die Häufigkeit von Schlaganfällen steigt aufgrund der demografischen Entwicklung. Nach den Krebs- und Herzerkrankungen ist er die dritthäufigste Todesursache. Aber: Immer mehr Menschen überleben aufgrund einer immer besseren Notfallversorgung.
Sie und Ihre Angehörigen finden hier Informationen über:

- Ursachen und Folgen eines Schlaganfalls
- das Störungsbild Aphasie
- das Vorgehen in Diagnostik und Therapie

Ursachen und Folgen eines Schlaganfalls
Schlaganfälle sind in ca. 80 % ursächlich für eine Aphasie. *Schlagartig* tritt eine Störung der Durchblutung des Gehirns ein, weil Blutgefäße verengt oder verschlossen sind. Gehirnzellen werden nicht mehr mit Sauerstoff versorgt und sterben ab. Dies hat den Ausfall von Hirnleistungen und Körperfunktionen zur Folge. Kommt es zu einer Sprach-

störung (Aphasie), betrifft die Durchblutungsstörung meist die linke Hirnhälfte. Sie ist hauptsächlich für die sprachlichen Funktionen verantwortlich.
Die übrigen 20 % der Aphasien werden ausgelöst durch Hirnblutungen, Traumata, Hirntumoren, entzündliche oder degenerative Erkrankungen des Gehirns sowie Anfallsleiden.
Je nach Region des Schlaganfalls und seiner Schwere können folgende körperliche Beeinträchtigungen den Alltag des Betroffenen erschweren:

- Halbseitenlähmung
- Gangstörungen
- Fallneigung
- Störungen der Atmung
- Schluckstörungen (Dysphagie)
- Antriebs-, Gedächtnis- und Konzentrationsstörungen
- Bewusstseinsstörungen
- Gesichtsfeldausfälle bzw. Seh- / Blickstörungen (Hemianopsie, Neglekt)
- Störung der Planung und Programmierung von Bewegungen (Apraxie)

Sprach- und Sprechstörungen können folgende Bereiche betreffen:

- Sprechen, Verstehen, Lesen und Schreiben (Aphasie)
- Planung und Bewegung von Sprechbewegungen (Sprechapraxie)
- Steuerung und Ausführung von Sprechbewegungen (Dysarthrie)
- Rechnen (Akalkulie)

Fuente: *https://www.logozentrumlindlar.de/wp-content/uploads/2018/06/dbs-broschuere-aphasie.pdf*

b) Notas terminológicas y gramaticales previas a la traducción

Desde el punto de vista gramatical, el último texto de traducción directa no resulta especialmente complicado y ello se debe a la naturaleza altamente expositiva del mismo. Como consecuencia, nos encontramos con oraciones simples *(Insgesamt leiden 1.000.000 Menschen unter generellen Schlaganfallfolgen. / Die Häufigkeit von Schlaganfällen steigt aufgrund der demografischen Entwicklung. / Immer mehr Menschen überleben aufgrund einer immer besseren Notfallversorgung.)* y, sobre todo, con una gran frecuencia de sintagmas nominales, como se puede observar a continuación:

Ursachen und Folgen eines Schlaganfalls
Störungen der Atmung
Antriebs-, Gedächtnis- und Konzentrationsstörungen
Störung der Planung und Programmierung von Bewegungen

En lo que respecta a la terminología, este folleto informativo es el que cuenta con más vocabulario especializado, lo cual dificultará, como se verá en el comentario, la labor traductora, en términos de comprensión del original. Véase el siguiente cuadro:

Alemán	**Español**
-e Akalkulie	acalculia
-s Anfallsleiden	epilepsia
-e Antriebsstörung	problema de iniciativa
-e Aphasie	afasia
-e Apraxie	apraxia
-e Blutgefäße	vasos sanguíneos
-e Durchblutung	riego sanguíneo
-e Dysarthrie	disartria
-e Dysphagie	disfagia
entzündliche oder degenerative Erkrankungen des Gehirns	enfermedades cerebrales degenerativas o terminales

Alemán	Español
-e Gehirnzellen	células cerebrales
-e Halbseitenlähmung	hemiplejías
-e Hemianopsie	femianopsia
-e Hirnblutung	derrame cerebral
-e Hirnhälfte	hemisferio cerebral
-e Hirntumoren	tumores cerebrales
-e Krebs- und Herzerkrankungen	cáncer y enfermedades cardíacas
-s Neglekt (Syndrom)	síndrome de negligencia o *neglect*
-r Sauerstoff	oxígeno
-r Schlaganfall	infarto cerebral
-e Sprachstörung	trastorno del habla
-e Sprechapraxie	apraxia del lenguaje
-e Traumata	traumatismos

Posibles fuentes de documentación

http://www.afasia.org/index.php/definicion	Información de carácter general en español de la Asociación Ayuda Afasia, donde se explica qué es, las causas y la clasificación de las afasias
https://www.termbases.eu/termbase/view/7001981/	Glosario (ES–DE–EN) sobre trastornos del lenguaje
https://lvl.educarex.es/conoceryaplicarlvlylvm/F1_GlosarioNeuro.pdf	Glosario monolingüe español de neuropsicología
https://biblioteca.ucatolica.edu.co/ucatolica/diccionario-neuropsicologia.pdf	Diccionario monolingüe español de neuropsicología
https://web.archive.org/web/20090824001036/http://www.logicortex.com/archivos/Ardila%20%282006%29%20-%20Las%20Afasias.pdf	Artículo académico en español con información general y específica sobre la afasia

https://media.utp.edu.co/referencias-bibliograficas/uploads/referencias/libro/las-afasias-todopdf-W5eYx-libro.pdf	Libro sobre la afasia titulado Las afasias desde una mirada lingüístico-cognitiva que incluye un glosario monolingüe en español de diez páginas

c) Texto meta (propuesta de traducción)

Afasia
Información para pacientes y familiares

La causa más frecuente de la afasia es el infarto cerebral, el cual suele presentarse de manera espontánea y sin previo aviso. Véanse las siguientes cifras:

- Afecta en Alemania a 270.000 personas al año, de las cuales el 80 % son mayores de 60 años. Sin embargo, también afecta a 300 niños al año.
- En total, 1.000.000 de personas sufren las consecuencias generales del infarto cerebral. De estas, 100.000 tienen afasia. Cada año se dan 25.000 casos nuevos.

La frecuencia del infarto cerebral se ha visto incrementada debido al desarrollo demográfico. Después del cáncer y de las enfermedades cardíacas es la tercera causa de muerte más frecuente. No obstante, cada vez hay más personas que sobreviven gracias a una mejor asistencia médica de emergencia
En estas páginas, usted y sus familiares encontrarán información sobre:

- las causas y las consecuencias del infarto cerebral
- los síntomas de la afasia
- el procedimiento que hay que seguir para su diagnóstico y tratamiento

Causas y consecuencias del infarto cerebral

Los infartos cerebrales son en aproximadamente un 80 % de los casos los causantes de la afasia. Se produce una repentina alteración del riego sanguíneo cerebral debido a que los vasos sanguíneos se estrechan o incluso se cierran. Las células cerebrales dejan de recibir oxígeno y mueren. Todo ello causa la pérdida de capacidad cerebral y de funciones fisiológicas. En el caso de los trastornos del habla (afasia), la alteración del riego sanguíneo afecta mayoritariamente al hemisferio cerebral izquierdo, que es el responsable principal de las funciones del lenguaje

El 20 % restante de las afasias se desencadenan por derrames cerebrales, traumatismos, tumores cerebrales, enfermedades cerebrales inflamatorias o degenerativas así como por epilepsia.

Dependiendo de la localización del infarto cerebral y de la gravedad de este, los siguientes deterioros a nivel fisiológico pueden empeorar el día a día de los pacientes:

- hemiplejia
- problemas al andar
- propensión a la caída
- problemas respiratorios
- problemas al tragar (disfagia)
- problemas de concentración, memoria e iniciativa
- problemas de la consciencia
- alteraciones en el campo visual, esto es, problemas de visión y para fijar la vista (hemianopsia, síndrome de negligencia)
- Problemas de programación motora relacionados con el habla (apraxia del habla)

Los trastornos del habla y del lenguaje pueden afectar a las siguientes áreas:

- habla, compresión, lectura y escritura (afasia)
- planificación y articulación del habla (apraxia del lenguaje)
- control y ejecución de la articulación del habla (disartria)
- cálculo (acalculia)

d) Comentario a la traducción

Como ya indicábamos, la dificultad traductora de este folleto informativo reside en la terminología especializada, con mayor presencia en este texto que en los anteriores. Debido a que dicha terminología aparece, en su mayor parte, expuesta a través de sintagmas nominales, el traductor tendrá que demostrar un buen conocimiento de las correspondencias terminológicas alemán–español y, además, deberá documentarse de manera conveniente para conseguir profundizar en el significado de los tecnicismos, pues, en ocasiones, conocer el equivalente terminológico entre dos idiomas no será suficiente, sino que se tendrá que disponer de un conocimiento más vasto para entender el concepto al que hace referencia dicho término. De este modo, el traductor no cometerá errores terminológicos, de sentido o de incoherencia textual. Véanse los ejemplos más significativos del texto a este respecto.

Diferencias entre *Schlaganfall, Hirnblutung* y *Anfallsleiden*

Estos tres conceptos aparecen en el texto y es necesario conocer las diferencias de significado existentes entre ellos.

Schlaganfall se traduce al español como «infarto cerebral». El infarto cerebral se debe a una falta de irrigación sanguínea en el cerebro, la cual es provocada por el estrechamiento de un vaso sanguíneo. La principal consecuencia del infarto cerebral es la muerte de parte de la masa encefálica (mueren las células cerebrales debido a que dejan de recibir oxígeno).

Hirnblutung se conoce en español como «derrame cerebral». Este ocurre cuando en el cerebro se produce la rotura de un vaso sanguíneo. Como consecuencia, nos volvemos a encontrar con la muerte de las células cerebrales por falta de oxígeno. Mientras que en el infarto la falta de riego venía provocada por el estrechamiento de un vaso sanguíneo, en el derrame, dicha falta de irrigación se debe a la rotura del mismo.

Por último, *Anfallsleiden* se traduce al español como «epilepsia». La epilepsia es una enfermedad que se manifiesta por accesos o ataques repentinos que conllevan la pérdida brusca del conocimiento y convulsiones.

Antriebsstörung

Este término conlleva cierta dificultad a la hora de ser traducido al español. A pesar de no tratarse de un término especializado (pertenece, por el contrario, al léxico vernáculo), resulta complicado encontrar un equivalente en español que funcione en este contexto y, sobre todo, que tenga el nivel de naturalidad necesario. El texto trata los problemas derivados del infarto y las complicaciones que estos pueden acarrear en la vida diaria de quienes lo han sufrido. Tras mencionar diversas complicaciones relacionadas con la movilidad (hemiplejías, dificultad al andar o propensión a las caídas) y con órganos como el sistema digestivo o el respiratorio, el folleto hace mención a los problemas que pueden darse a nivel cognitivo. Algunos de ellos son los relacionados con la memoria o la capacidad de concentración. El otro es aquel que guarda relación con la capacidad de emprender ciertas acciones. En alemán, *Antrieb* significa «impulso», «estímulo», «accionamiento», «propulsión». En este contexto, nuestra propuesta de traducción ha sido «problemas de iniciativa», ya que las personas que han sufrido un infarto cerebral y han acabado con problemas de carácter cognitivo pueden carecer de iniciativa para realizar ciertas acciones.

Neglekt

Este término parece una «germanización» del inglés *neglect,* que en español es conocido como «síndrome de negligencia», *neglect* o «negligencia visual» y hace referencia a la incapacidad de fijar la mirada.

2.3.2 Traducción español–alemán

a) Texto origen (noticia)

El texto origen procede del sitio web del Servicio de Información y Noticias Científicas (SINC), que, en sus propias palabras, «es la primera agencia pública de ámbito estatal especializada en información sobre ciencia, tecnología e innovación en español». Por la naturaleza de la fuente, consideramos que el texto se puede considerar fidedigno; a la vez, por su vocación para la divulgación científica, la terminología especializada que se emplea sigue siendo bastante accesible, si bien la publicación está dirigida a un público culto debido al contenido como a la redacción de las noticias y, por ende, se espera cierto nivel si no de comprensión, al menos de capacidad para documentarse.

Nueva generación de implantes corticales con grafeno para recuperar el habla

Esta semana se ha presentado en Barcelona el proyecto europeo BrainCom, que con un presupuesto de 8,35 millones de euros aprovechará las propiedades únicas del grafeno y otros materiales orgánicos para desarrollar una tecnología radicalmente nueva de implantes corticales ultraflexibles. Sus resultados ofrecerán soluciones para rehabilitar pacientes con trastornos en el habla gracias a innovadoras interfaces cerebro-ordenador.

Más de 5 millones de personas sufren afasia cada año en el mundo, una condición por la cual los pacientes pierden la capacidad de comprender y expresarse mediante el lenguaje después de un daño cerebral o durante el avance de enfermedades neurodegenerativas. Las interfaces cerebro-ordenador, posibles gracias a tecnologías y materiales punteros, son una oportunidad prometedora para el tratamiento de este trastorno. Estas interfaces recogen y descodifican información sobre la actividad neuronal directamente de su fuente a través de electrodos implantados en el cerebro. En cualquier caso, la neurorehabilitación de funciones cognitivas superiores como el lenguaje todavía genera serias dudas. El reto ahora mismo consiste en diseñar implantes neurales que cubran áreas del cerebro suficientemente grandes como para permitir una descodificación detallada de la actividad neuronal en diversas regiones del cerebro que son clave para el procesamiento del lenguaje.

En este contexto nace BrainCom, un proyecto FET Proactive financiado por la Comisión Europea con 8,35 millones de euros para los próximos 5 años. [...] BrainCom sentará las bases de una nueva línea de conocimiento y tecnologías orientadas al desarrollo de la futura generación de

prótesis neurales para recuperar el habla. Para conseguirlo cubrirá los diferentes niveles de la cadena de valor: de la tecnología y la ingeniería hasta la neurociencia básica del lenguaje, y de la investigación preclínica en animales hasta estudios clínicos con personas.
El proyecto lo coordina el profesor ICREA José A. Garrido, Group Leader del Grupo de Materiales y Dispositivos Electrónicos Avanzados del Institut Català de Nanociència i Nanotecnologia (ICN2) y colíder del paquete de trabajo dedicado a Tecnologías Biomédicas en el Graphene Flagship, en España. […]

https://www.agenciasinc.es/Noticias/Nueva-generacion-de-implantes-corticales-con-grafeno-para-recuperar-el-habla

b) Notas terminológicas y gramaticales previas a la traducción

actividad cortical	-e kortikale Aktivität
afasia	-e Aphasie
área del cerebro	-r Bereich des Gehirns, Gehirnbereich
condición	-e Erkrankung
daño cerebral	-r Hirnschaden
descodificar	entschlüsseln
estudio clínico con personas	-e klinische Studie an Menschen
función cognitiva superior	-e höhere kognitive Funktion
grafeno	-s Graphen
implante neural	-s neuronale Implantat
implante cortical	-s Kortikalimplantat
innovador	innovativ
interfaz cerebro-ordenador	-e Gehirn-Computer-Schnittstelle
investigación preclínica	-e präklinische Forschung
material orgánico	-s organische Material
neurociencia básica del lenguaje	neuronale Grundlagen der Sprache

neurodegenerativo,a	neurodegenerativ
neuronal	neuronal
neurorrehabilitación	-e Neurorehabilitation, neurologische Rehabilitation
procesamiento del lenguaje	-e Sprachverarbeitung
prótesis neural	-e Neuralprothese
puntero	modernste/r/s ~
recuperar el habla	die Sprache wieder herstellen
rehabilitar	rehabilitieren
sufrir un trastorno	an einer Störung leiden
tecnología biomédica	-e biomedizinische Technologie
trastorno del / en el habla	-e Sprachstörung
ultraflexible	hochflexibel

Posibles fuentes de documentación

https://aphasiker.de/aphasie/	Información de carácter general en alemán de la Bundesverband für die Rehabilitation der Aphasiker e. V.
https://www.spektrum.de/lexikon/neurowissenschaft/aphasie/780	Entrada sobre la afasia en el glosario monolingüe alemán Spektrum.de
https://tinyurl.com/mb7lsdg2	Capítulo sobre la afasia del libro en alemán titulado *Lexikon der Sprachtherapie* (páginas 20–36)
https://www.termbases.eu/termbase/view/7001981/	Glosario (ES–DE–EN) sobre trastornos del lenguaje
https://tinyurl.com/1uetnq4h	Logopädisches Handlexikon (glosario monolingüe alemán de términos relacionados con la logopedia)
https://psylex.de/psychologie-lexikon/lex.html	Glosario monolingüe alemán de términos relacionados con la psicología

https://www.dbs-ev.de/fileadmin/dokumente/Publikationen/dbs-Broschuere_Aphasie_2016.pdf	Información de carácter general en alemán de la Deutscher Bundesverband der akademischen Sprachtherapeuten
https://www.dgn.org/component/content/article/45-leitlinien-der-dgn-2012/2434-ll-92-2012%20rehabilitation-aphasischer-stoerungen-nach-schlaganfall.html%3Fq=aphasie+leitlinie	Página web de la Deutsche Gesellschaft für Neurologie con información general en alemán sobre la afasia
https://tinyurl.com/hbx0vhx6	Libro en alemán titulado *Aphasie und Sprachproduktion – Sprachstörungen bei Broca- und Wernicke-Aphasikern*

c) Texto meta (propuesta de traducción)

Neue Generation von Kortikalimplantaten mit Graphen zur Sprachwiederherstellung

Diese Woche wurde in Barcelona das europäische BrainCom-Projekt vorgestellt, das mit einem Budget von 8,35 Millionen Euro die einzigartigen Eigenschaften von Graphit und anderen organischen Materialien nutzt, um eine radikal neue Technologie für hochflexible kortikale Implantate zu entwickeln. Die Ergebnisse werden Lösungen für die Rehabilitation von Patienten mit Sprachstörungen durch innovative Gehirn-Computer-Schnittstellen bieten.

Mehr als 5 Millionen Menschen leiden jedes Jahr weltweit an Aphasie, einer Erkrankung bei der Patienten nach Hirnschäden oder während des Fortschreitens neurodegenerativer Erkrankungen die Fähigkeit verlieren, sich durch Sprache verständlich zu machen und diese zu verstehen. Gehirn-Computer-Schnittstellen sind dank modernster Technologien und Materialien eine vielversprechende Möglichkeit zur Behandlung dieser Erkrankung.

Diese Schnittstellen sammeln und entschlüsseln Informationen über die neuronale Aktivität direkt an ihrem Ursprung durch im Gehirn

implantierte Elektroden. In jedem Fall wirft die neurologische Rehabilitation höherer kognitiver Funktionen wie Sprache immer noch ernsthafte Zweifel auf. Die Herausforderung besteht nun darin, neuronale Implantate zu entwickeln, die hinreichend große Bereiche des Gehirns abdecken, um eine detaillierte Dekodierung der neuronalen Aktivität in verschiedenen Regionen des Gehirns zu ermöglichen, die für die Sprachverarbeitung entscheidend sind.
In diesem Zusammenhang entsteht BrainCom, ein von der Europäischen Kommission mit 8,35 Millionen Euro für die nächsten 5 Jahre finanziertes FET Proactive-Projekt. […] BrainCom wird den Grundstein für eine neue Linie von Wissen und Technologie legen, die auf die Entwicklung der zukünftigen Generation von Neuralprothesen für die Sprachwiederherstellung ausgerichtet ist. Um dies zu erreichen, werden die verschiedenen Stufen der Wertkette abgedeckt: von Technologie und Ingenieurwesen bis hin zu den neuronalen Grundlagen der Sprache, von der präklinischen Forschung an Tieren bis hin zu klinischen Studien an Menschen.
Das Projekt wird koordiniert vom ICREA-Professor José A. Garrido, Leiter der Forschungsgruppe *Hochentwickelte elektronische Materialien und Vorrichtungen* des Katalanischen Instituts für Nanowissenschaft und Nanotechnologie (ICN2) und Mitleiter des Arbeitsbereiches Biomedizinische Technologien am Graphene Flagship in Spanien, koordiniert. […]

(Quelle: *https://www.agenciasinc.es/Noticias/Nueva-generacion-de-implantes-corticales-con-grafeno-para-recuperar-el-habla*)

d) Comentarios a la traducción

Según hemos indicado arriba, la noticia tiene un marcado carácter culto. Este aspecto se refleja especialmente en la terminología utilizada, aunque también en la redacción en general como, por ejemplo, en los verbos y las colocaciones empleados.

Terminología específica

El breve glosario que acompaña el texto muestra la abundancia de terminología específica, con numerosos tecnicismos procedentes del latín o del griego, que en la traducción al alemán conservan una gran semejanza en la grafía dado que también en ella han evolucionado a partir de esas lenguas clásicas. En alemán marcan de manera patente el registro, dotando al texto de un estilo culto y desmarcándose de un registro meramente divulgativo que usaría los términos equivalentes vernáculos.

Mientras que la composición léxica auténtica suele dar solución a la formación terminológica en alemán, la complejidad de lo denominado exige con frecuencia una composición sintagmática. Existen asimismo sinónimos que no son más que la resolución de un compuesto léxico simple en uno sintagmático (*Gehirnbereiche* y *Bereiche des Gehirns*, *Neurorehabilitaton* y *neurologische Rehabilitation*).

El uso de términos de origen y grafía similar puede llevar a recurrir a un equivalente erróneo en la lengua meta. Como ejemplos podemos citar *neural*, que no se traduce por «neural» sino «neuronal», a pesar de existir el primero también en alemán. Sin embargo, si nos documentamos, podemos observar que su uso es menos frecuente y, además, en el contexto que nos ocupa, los especialistas no lo prefieren, salvo – de forma poco coherente – en el término *Neuralprothese*. Otro ejemplo sería utilizar *Rehabilitierung* en lugar de *Rehabilitation*. Ambos términos existen, pero el uso del primero se reserva para referirse a la rehabilitación de la fama de una persona así como para la reintegración de una persona en un cargo administrativo o una función pública, por lo que podría considerarse un falso amigo.

No en todos los casos se utilizan los mismos elementos compositivos cultos. Así, el equivalente alemán a «ultraflexible» es *hochflexibel*, compuesto híbrido de un elemento vernáculo y otro culto. En este adjetivo, además, tendremos que tener en cuenta que en su declinación se invierten el orden de las dos últimas letras.

Registro culto

Una de las características del registro culto son los verbos y las colocaciones que usa. Como muestras, valgan los siguientes: *generar dudas, consistir un reto en…, diseñar, cubrir un área, descodificar, ser clave para, nacer en un contexto, sentar las bases de…*

El traductor deberá tener en cuenta que la traducción ha de mantener el mismo nivel lingüístico y buscar equivalentes de un registro correspondiente.

Nombres propios

En el texto aparecen diversos nombres propios que se mantienen en su forma original. Se ha hecho excepción con los nombres de instituciones que eran autoexplicativos y hacían referencia a su cometido, para que el lector entienda su función (el nombre del grupo de investigación y el del centro catalán). Por supuesto, la Comisión Europea tiene su propia denominación oficial en alemán. En cambio, consideramos que *Graphene Flagship* hubiera merecido la explicación de que es la unión de grupos de investigación de toda Europa que desde 2013 investigación sobre el grafeno.

Traducciones del inglés

En la noticia destacan nombres en inglés y algunas expresiones no idiomáticas. Si nos informamos sobre el grupo de investigación, veremos que sus publicaciones y la información sobre su trabajo las redactan en inglés. Es de suponer que quien haya escrito la noticia tomara como referencia algún texto redactado en esa lengua. Mantuvo la referencia al *Group Leader* (investigador principal) y calcó del inglés «colíder» (codirector) y «paquete de trabajo» (aquí: área). Para la traducción al alemán obviamente se deben tener en cuenta los equivalentes españoles, y no los calcos.

3 Algunos recursos adicionales para la traducción de textos biosanitarios

3.1 Bibliografía adicional de interés

ALEIXANDRE-BENAVENT, RAFAEL; BUENO CAÑIGRAL, FRANCISCO JESÙS Y CASTELLÓ-COGOLLOS, LOURDES (2017): «Características del lenguaje médico en los artículos científicos», en: *Educación médica*, 18 (Supl. 2), 23–29.

CLAROS DÍAZ, M. GONZALO (2017): *Cómo traducir y redactar textos científicos en español. Reglas, ideas y consejos.* Barcelona: Fundación Dr. Antonio Esteve. Consulta previo registro gratuito: *http://www.esteve.org/cuaderno-traducir-textos-cientificos/*.

COBOS LÓPEZ, INGRID (2019): «Traducir para el paciente: acercamiento y adaptación como modalidad de traducción», en *Quaderns de Filologia-Estudis Lingüístics*, 24 (24), 211–228.

DORIAN, ANGELO FRANCIS (1987): *Elsevier's encyclopaedic dictionary of medicine.* Amsterdam: Elsevier.

ECHEVERRÍA PEREDA, ELENA Y JIMÉNEZ GUTIÉRREZ, ISABEL (2010): «La terminología anatómica en español, inglés y francés», en *Panace@* 11/31, 47–57.

FARHAN, NABEEL Y WIRSCHING, MICHAEL (2015): *Kommunikation für ausländische Ärzte: Vorbereitung auf den Patientenkommunikationstest in Deutschland.* Amsterdam: Elsevier.

FAYA-ORNIA, GORETTI (2016): «Los folletos médicos originales en inglés, alemán y español», en GALLEGO, DANIEL: *New Insights into Corpora and Translation.* Newcastle upon Tyne: Cambridge Scholars Publishing, 145–161.

Fischer, Dagmar y Breitenbach, Jörg (2017): *Die Pharmaindustrie. Einblick – Durchblick – Perspektiven.* Berlin: Springer Spektrum.

Fonds der Chemischen Industrie (2009): *Biotechnologie – kleinste Helfer – große Chancen.* Frankfurt am Main. *<https://www.vci.de/vci/downloads-vci/biotech-brosch-2aufl-02.pdf>.*

Keller, Nicole (2011): «La traducción de textos médicos especializados, ilustrada mediante el par de idiomas inglés–alemán», en *Panace@* 12/34, 234–238.

Kühtz, Stefan (2007): *Phraseologie und Formulierungsmuster in medizinischen Texten.* Tübingen: Narr (Forum für Fachsprachen-Forschung, 74).

Laurence, Desmond. R. (1987): *Un glosario para farmacólogos.* Barcelona: Fundación Dr. Antoni Esteve.

López Garrido, Salomé de los Ángeles (2016): *La neología por préstamo en el discurso médico: análisis de los procedimientos de creación léxica y de las estrategias de traducción.* Tesis doctoral, Universidad de Alicante.

López Rodríguez, Clara Inés (2000): «Tipologías textuales y géneros en la normalización terminológica y ortotipográfica de la traducción médica», en *Terminologie et traduction*, 3, 95–115.

Martínez López, Ana Belén (2010a): «La terminología médica en francés, inglés y español: problemas que se derivan de la presencia del inglés como lingua franca de la comunicación científica a escala internacional», en *Anales de Filología Francesa*, 18, 393–404.

Martínez López, Ana Belén (2010b): «La investigación en traducción médica: estado de la cuestión», en Ortega Arjonilla, emilio; Martínez López, Ana Belén y Echeverría Pereda, elena (eds.), *Panorama actual de la investigación en traducción e interpretación.* Granada: Atrio, 1059–1084.

Martínez Motos, Raquel (2015): *El género prospecto y el efecto de la traducción inglés-español en su legibilidad y facilidad de uso para el lector lego.* Tesis doctoral, Universidad de Alicante.

Mayor Serrano, María Blanca (2007): «La importancia de la tipología textual pragmática para la formación de traductores médicos», en *Panace@*, 9/26, 124–137.

Mendiluce Cabrera, Gustavo (2002): «El gerundio médico», en *Panace@*, 3/7, 74–78.

Menz, Florian; Nowak, Peter; Rappl, Anita; Nezhiba, Sabine (2008): «Arzt-Patient-Interaktion im deutschsprachigen Raum: eine Online-Forschungsdatenbank (API-on) als Basis für Metaanalysen», en *Gesprächsforschung*, Jg. 9, 129–163, http://www.gespraechsforschung-ozs.de/heft2008/px-menz.pdf.

Ministerio de Sanidad y Consumo (1963): *Diccionario de principios activos de las especialidades farmacéuticas españolas.* Madrid: Centro de Publicaciones.

Muñoz-Miquel, Anna (2014): «El perfil y las competencias del traductor médico desde el punto de vista de los profesionales: una aproximación cualitativa», en *Panace@*, 30/10, 157–167.

Muñoz-Miquel, Anna (2016): «La traducción médica como especialidad académica: Algunos rasgos definitorios», en *Hermeneus: Revista de la Facultad de Traducción e Interpretación de Soria*, (18), 235–267.

Muñoz-Miquel, Anna (2016): «La enseñanza de la traducción médica en los programas de posgrado españoles: ¿qué competencias se enseña a los estudiantes?», en *Sendebar*, 27, 123–150.

Muñoz Torres, Carlos Arturo (2002): «Tipología textual y análisis para la traducción. Una tipología de géneros médicos», en Chabás, José; Gaser, Rolf y Rey Vanin, Joëlle (eds.), *Translating Science. Proceedings 2nd International Conference on Specialized Translation*, Barcelona: Universitat Pompeu Fabra, 319–325.

Navarro, Fernando A. (2001): «El inglés, idioma internacional de la medicina», en *Panace@* 3/2, 35–51.

Navarro, Fernando A. (2006): «La anglización del español: mucho más allá de *bypass, piercing, test, airbag, container* y *spa*», en González, Luis y Hernúñez, Pollux (coords.): *Traducción: Contacto y contagio. Actas del III Congreso Internacional El Español, lengua de traducción. Puebla (México)*, Bruselas: ESLEtRA, 231–232.

Navarro, Fernando A. y Hernández, Francisco (1997): «Anatomía de la traducción médica», en Ortega Arjonilla, emilio y Félix Fernández, leandro (coords.): *Lecciones de teoría y práctica de la traducción*, Málaga: Universidad de Málaga, Servicio de Publicaciones, 137–162.

NAVARRO, FERNANDO A.; HERNÁNDEZ, FRANCISCO y RODRÍGUEZ-VILLANUEVA, LYDIA (1997): «Uso y abuso de la voz pasiva en el lenguaje médico escrito», en NAVARRO (coord.), *Traducción y lenguaje en medicina*, Barcelona: Fundación Dr. Antoni Esteve, 101–106.

ORTEGA ARJONILLA, EMILIO y MARTÍNEZ LÓPEZ, ANA BELÉN (2007): «La terminología médica en clave traductológica: convencionalismo, normalización, redundancia y reproductibilidad», en *Sendebar*, 18, 263–288.

SEVILLA MUÑOZ, MANUEL (2004): «Hacia la definición de necesidades de aprendizaje de los alumnos de Traducción Científico-Técnica», en *Panace@*, 5/16, 141–148.

SCHRIMPF, ULRIKE Y BAHNEMANN, MARKUS (2009) *Deutsch für Ärztinnen und Ärzte. Kommunikationstraining für Ärztinnen und Ärzte*. Heidelberg: Springer.

SILVA, CARLOS (2019). «El buen uso del idioma español en la literatura médica», en *Revista médica de Chile*, 147(5), 643–649.

3.2 Recursos impresos

NOLTE-SCHLEGEL, IRMGARD; GONZÁLEZ SOLER, JOAN JOSÉ (2013). *Medizinisches Wörterbuch / Diccionario de Medicina / Dicionário de termos médicos*. Berlín: Springer Verlag.

SCHRIMPF, ULRIKE; BAHNEMANN, MARKUS; LECHNER, MARTÍN (2019). *Deutsch für Ärztinnen und Ärzte: Trainingsbuch für die Fachsprachprüfung und den klinischen Alltag*. Berlín: Springer Verlag.

STEGEMANN, THOMAS; HAMEL, KAREN; MARTÍNEZ MARÍN, JOSÉ (2007). *Spanisch für Mediziner*. Stuttgart: Thieme Verlag.

3.3 Recursos electrónicos

3.3.1 Diccionarios / glosarios generales

Diccionario DE–ES

Fernando A. Navarro (2017): *Gran diccionario médico alemán-español.* Edición en línea (versión 1.02). Madrid: Cosnautas. Aprox. 205 000 entradas. https://www.cosnautas.com/

Diccionarios médicos – ES

Diccionario médico de la Clínica Universitaria de Navarra.
https://www.cun.es/diccionario-medico
Diccionario ilustrado de términos médicos.
https://iqb.es/
Enciclopedia Medline Plus.
https://medlineplus.gov/spanish/encyclopedia.html
Enciclopedia de salud y medicina escrita en lenguaje sencillo.
https://www.tuotromedico.com/
Explicación de tecnicismos médicos para lectores legos.
https://www.sprechzimmer.ch/Ratgeber/Medizinisches_Glossar/
Glosario médico etimológico.
http://clasicas.usal.es/dicciomed/ http://clasicas.usal.es/dicciomed/
Glosario médico de partículas cultas.
http://www.msd.es/publicaciones/mmerck_hogar/seccion_prel/terminos.html

Diccionarios médicos – DE

Klinisches Wörterbuch.
https://www.pschyrembel.de/

Medizinische Abkürzungen.
https://de.wikipedia.org/wiki/Medizinische_Abk%C3%BCrzungen
Medizin-Lexikon im Gesundheitsportal der Funke-Mediengruppe.
https://www.gesundheit.de/lexika/medizin-lexikon
Roche Lexikon Medizin.
https://www.elsevier-data.de/rochelexikon5a/

3.3.2 Recursos varios

ES

Clasificación internacional de enfermedades.
https://icd.who.int/es
Diario médico.
http://www.diariomedico.com/
Diccionario de siglas médicas.
http://sedom.es/diccionario/
Foro de traductores profesionales de biomedicina.
https://www.rediris.es/list/info/medtrad.html
Fundación Dr. Antoni Esteve.
https://www.esteve.org/
Asociación Internacional de Traductores y Redactores de Medicina y Ciencias Afines.
https://www.tremedica.org/

DE

Interkulturelle medizinische Kommunikation in Europa – Web-Portal eines EU-Projektes zur berufssprachlichen Kommunikation von Ärzten und medizinischen Fachkräften. Mit Selbstlernmaterial.
https://www.imed-komm.eu/
Medizinische Abkürzungen.
https://www.medizinische-abkuerzungen.de/suche.html

Merck MSD Manual – Web-Portal mit Information für Patienten und medizinische Fachkreise. https://www.msdmanuals.com/de/heim
NetDoktor – Informationen rund um die Themen Gesundheit und Krankheit. http://www.netdoktor.de
Onlineressourcen Medizin. http://www.medizinressourcen.de/5041/
Web-Portal von Arzneimittelherstellern in Deutschland https://www.pharma-fakten.de/glossar/

4 Bibliografía

Barceló Martínez, Tanagua y Varela Salinas, María-José (2011): «Enseñanza-aprendizaje de la traducción biosanitaria (alemán–español): una propuesta didáctica», en *Panace@*, 34: 242–249.

Burgos Cuadrillero, Beatriz y Rohr Schrade, Kerstin I. (2017): «Análisis y elaboración de patrones morfológicos en la terminología médica: alemán–español», en *Revista de Lenguas para Fines Específicos*, 23(1), 108–139.

Cabré, María Teresa (1999): *La terminología: representación y comunicación. Elementos para una teoría de base comunicativa y otros artículos.* Barcelona: Institut Interuniversitari de Lingüística Aplicada.

Claros Díaz, Gonzalo (2009): *Cómo traducir y redactar textos científicos en español.* Barcelona: Fundación Dr. Antonio Esteve.

Congost Maestre, Nereida (1994): *Problemas de la traducción técnica. Los textos médicos en inglés.* Alicante: Universidad de Alicante.

Corpas Pastor, Gloria (2004): «Localización de recursos y compilación de corpus vía Internet: Aplicaciones para la didáctica de la traducción médica especializada», en *Manual de documentación y terminología para la traducción especializada.* Madrid: Arco Libros, 223–257.

Fischbach, Henry (1962): «Problems of Medical Translation», en *Bulletin of the Medical Library Association.* Vol. 50, No. 3: 462–472.

Fischbach, Henry (ed.) (1998): *Translation and Medicine.* Amsterdan: John Benjamins Publishing.

Fluck, Hans-Rüdiger (1982): *Fachsprachen,* Tübingen / Basel: Francke.

Gamero Pérez, Silvia (2001): *La traducción de textos técnicos.* Barcelona: Ariel.

Gawronsky, Doreen (2002): *Die Textform Website und Fragen ihrer Lokalisierung am Beispiel deutscher und französischer Tourismuswebsites.* (Dipl.-Arb.: zugl. Hochschule (HS) Anhalt (FH), HS für angewandte Wissenschaften, Fachbereich Informatik).

Gonzalo García, Consuelo y García Yebra, Valentín (2000): *Manual de documentación y terminología para la traducción especializada.* Madrid: Arco Libros.

Gutiérrez Rodilla, Berta (1998): *La ciencia empieza en la palabra. Análisis e historia del lenguaje científico.* Barcelona: Ediciones Península.

Haensch, Günther; Wolf, Lothar; Ettinger, Stefan y Werner, Reinhold (1982): *La lexicografía: de la lingüística teórica a la lexicografía práctica.* Madrid: Gredos.

Mandelbrojt-Sweeney, Mireille (1994): *Inglés médico.* Barcelona: Masson.

Mayor Serrano, María Blanca (2008): «La importancia de la tipología textual pragmática para la formación de traductores médicos», en *Panace@: Revista de Medicina, Lenguaje y Traducción,* Vol. 8, N°. 26: 124–137.

Montalt Resurrecció, Vicent y González Davies, María (2008): *Medical Translation: Step by Step. Learning by Drafting.* London / New York: Routledge.

Navarro, Fernando A. (1995a): «La nomenclatura de los fármacos (I). ¿Qué es y para qué sirve la denominación común internacional?», en *Medicina Clínica,* 105: 344–348.

Navarro, Fernando A. (1995b): «La nomenclatura de los fármacos (II). Las denominaciones comunes internacionales en España», en *Medicina Clínica,* 105: 382–388.

Navarro, Fernando A. (1995c): «La nomenclatura de los fármacos (y III). Propuesta de normalización ortográfica de las denominaciones comunes internacionales y adaptación del inglés al castellano», en *Medicina Clínica,* 105: 420–427.

Navarro, Fernando A. (1996): «Palabras alemanas de traducción engañosa en medicina», en *Medicina Clínica,* 106: 537–544.

Navarro, Fernando A. (2011): «Darreichungsformen-Abkürzungen DE–ES: glosario de claves trilíteras utilizadas para indicar la forma galénica en bases farmacéuticas de datos», en *Panace@* 34: 200–217. *http://www.medtrad.org/panacea/IndiceGeneral/n34-tradyterm-navarro2.pdf.*

Newmark, Peter (1988): *A Textbook of Translation.* México: Prentice Hall International.

NORD, CHRISTIANE (1992): *Textanalyse und Übersetzen.* Heidelberg: Groos.

NORD, CHRISTIANE (1993): *Einführung in das funktionale Übersetzen am Beispiel von Titeln und Überschriften.* Tubinga: Francke (UTB).

ORTEGA ARJONILLA, EMILIO Y MARTÍNEZ LÓPEZ, ANA BELÉN (2007): *Traducción e interpretación en el ámbito biosanitario.* Granada: Comares.

QUIJADA DIEZ, CARMEN (2013). «La doble terminología médica en alemán y sus implica-ciones para el traductor: De la 'Otitis' a la 'Ohrenentzündung' por el camino del medio», en *Panace@*, 37: 121–128.

REAL ACADEMIA NACIONAL DE MEDICINA DE ESPAÑA (2012): *Diccionario de términos médicos.* Editorial Médica Panamericana. *https://dtme.ranm.es/index.aspx*

RUIZ TORRES, FRANCISCO (1980): *Diccionario alemán–español y español–alemán de Medicina.* Madrid: Alhambra Longman.

SCHIFKO, PETER (2001): «¿Existen las lenguas de especialidad?», en BARGALLÓ, MARÍA; FORGAS, ESTHER; GARRIGA, CECILIO; RUBIO, ANA; SCHNITZER, JOHANNES. (eds.). *Las lenguas de especialidad y su didáctica,* Tarragona: Universitat Rovira i Virgili, pp. 21–29.

TRANSÜD. Arbeiten zur Theorie und Praxis des Übersetzens und Dolmetschens

Die Bände 1 bis 5 sind bei der Peter Lang GmbH erschienen und dort zu beziehen.

Bd. 6 Przemysław Chojnowski: Zur Strategie und Poetik des Übersetzens. Eine Untersuchung der Anthologien zur polnischen Lyrik von Karl Dedecius. 300 Seiten. ISBN 978-3-86596-013-9

Bd. 7 Belén Santana López: Wie wird *das Komische* übersetzt? *Das Komische* als Kulturspezifikum bei der Übersetzung spanischer Gegenwartsliteratur. 456 Seiten. ISBN 978-3-86596-006-1

Bd. 8 Larisa Schippel (Hg.): Übersetzungsqualität: Kritik – Kriterien – Bewertungshandeln. 194 Seiten. ISBN 978-3-86596-075-7

Bd. 9 Anne-Kathrin D. Ende: Dolmetschen im Kommunikationsmarkt. Gezeigt am Beispiel Sachsen. 228 Seiten. ISBN 978-3-86596-073-3

Bd. 10 Sigrun Döring: Kulturspezifika im Film: Probleme ihrer Translation. 156 Seiten. ISBN 978-3-86596-100-6

Bd. 11 Hartwig Kalverkämper: „Textqualität". Die Evaluation von Kommunikationsprozessen seit der antiken Rhetorik bis zur Translationswissenschaft. ISBN 978-3-86596-110-5

Bd. 12 Yvonne Griesel: Die Inszenierung als Translat. Möglichkeiten und Grenzen der Theaterübertitelung. 362 Seiten. ISBN 978-3-86596-119-8

Bd. 13 Hans J. Vermeer: Ausgewählte Vorträge zur Translation und anderen Themen. Selected Papers on Translation and other Subjects. 286 Seiten. ISBN 978-3-86596-145-7

Bd. 14 Erich Prunč: Entwicklungslinien der Translationswissenschaft. Von den Asymmetrien der Sprachen zu den Asymmetrien der Macht. 442 Seiten. ISBN 978-3-86596-146-4 (vergriffen, siehe Band 43 der Reihe)

Bd. 15 Valentyna Ostapenko: Vernetzung von Fachtextsorten. Textsorten der Normung in der technischen Harmonisierung. 128 Seiten. ISBN 978-3-86596-155-6

Bd. 16 Larisa Schippel (Hg.): TRANSLATIONSKULTUR – ein innovatives und produktives Konzept. 340 Seiten. ISBN 978-3-86596-158-7

Bd. 17 Hartwig Kalverkämper/Larisa Schippel (Hg.): Simultandolmetschen in Erstbewährung: Der Nürnberger Prozess 1945. Mit einer orientierenden Einführung von Klaus Kastner und einer kommentierten fotografischen Dokumentation von Theodoros Radisoglou sowie mit einer dolmetsch-wissenschaftlichen Analyse von Katrin Rumprecht. 344 Seiten. ISBN 978-3-86596-161-7

TransÜD. Arbeiten zur Theorie und Praxis des Übersetzens und Dolmetschens

Bd. 18 Regina Bouchehri: Filmtitel im interkulturellen Transfer. 174 Seiten. ISBN 978-3-86596-180-8

Bd. 19 Michael Krenz/Markus Ramlow: Maschinelle Übersetzung und XML im Übersetzungsprozess. Prozesse der Translation und Lokalisierung im Wandel. Zwei Beiträge, hg. von Uta Seewald-Heeg. 368 Seiten. ISBN 978-3-86596-184-6

Bd. 20 Hartwig Kalverkämper/Larisa Schippel (Hg.): Translation zwischen Text und Welt – Translationswissenschaft als historische Disziplin zwischen Moderne und Zukunft. 700 Seiten. ISBN 978-3-86596-202-7

Bd. 21 Nadja Grbić/Sonja Pöllabauer: Kommunaldolmetschen/Community Interpreting. Probleme – Perspektiven – Potenziale. Forschungsbeiträge aus Österreich. 380 Seiten. ISBN 978-3-86596-194-5

Bd. 22 Agnès Welu: Neuübersetzungen ins Französische – eine kulturhistorische Übersetzungskritik. Eichendorffs *Aus dem Leben eines Taugenichts*. 506 Seiten. ISBN 978-3-86596-193-8

Bd. 23 Martin Slawek: Interkulturell kompetente Geschäftskorrespondenz als Garant für den Geschäftserfolg. Linguistische Analysen und fachkommunikative Ratschläge für die Geschäftsbeziehungen nach Lateinamerika (Kolumbien). 206 Seiten. ISBN 978-3-86596-206-5

Bd. 24 Julia Richter: Kohärenz und Übersetzungskritik. Lucian Boias Analyse des rumänischen Geschichtsdiskurses in deutscher Übersetzung. 142 Seiten. ISBN 978-3-86596-221-8

Bd. 25 Anna Kucharska: Simultandolmetschen in defizitären Situationen. Strategien der translatorischen Optimierung. 170 Seiten. ISBN 978-3-86596-244-7

Bd. 26 Katarzyna Lukas: Das Weltbild und die literarische Konvention als Übersetzungsdeterminanten. Adam Mickiewicz in deutschsprachigen Übertragungen. 402 Seiten. ISBN 978-3-86596-238-6

Bd. 27 Markus Ramlow: Die maschinelle Simulierbarkeit des Humanübersetzens. Evaluation von Mensch-Maschine-Interaktion und der Translatqualität der Technik. 364 Seiten. ISBN 978-3-86596-260-7

Bd. 28 Ruth Levin: Der Beitrag des Prager Strukturalismus zur Translationswissenschaft. Linguistik und Semiotik der literarischen Übersetzung. 154 Seiten. ISBN 978-3-86596-262-1

Bd. 29 Iris Holl: Textología contrastiva, derecho comparado y traducción jurídica. Las sentencias de divorcio alemanas y españolas. 526 Seiten. ISBN 978-3-86596-324-6

F Frank & Timme

TRANSÜD. Arbeiten zur Theorie und Praxis des Übersetzens und Dolmetschens

Bd. 30 Christina Korak: Remote Interpreting via Skype. Anwendungsmöglichkeiten von VoIP-Software im Bereich Community Interpreting – Communicate everywhere? 202 Seiten. ISBN 978-3-86596-318-5

Bd. 31 Gemma Andújar/Jenny Brumme (eds.): Construir, deconstruir y reconstruir. Mímesis y traducción de la oralidad y la afectividad. 224 Seiten. ISBN 978-3-86596-234-8

Bd. 32 Christiane Nord: Funktionsgerechtigkeit und Loyalität. Theorie, Methode und Didaktik des funktionalen Übersetzens. 338 Seiten. ISBN 978-3-86596-330-7

Bd. 33 Christiane Nord: Funktionsgerechtigkeit und Loyalität. Die Übersetzung literarischer und religiöser Texte aus funktionaler Sicht. 304 Seiten. ISBN 978-3-86596-331-4

Bd. 34 Małgorzata Stanek: Dolmetschen bei der Polizei. Zur Problematik des Einsatzes unqualifizierter Dolmetscher. 262 Seiten. ISBN 978-3-86596-332-1

Bd. 35 Dorota Karolina Bereza: Die Neuübersetzung. Eine Hinführung zur Dynamik literarischer Translationskultur. 108 Seiten. ISBN 978-3-86596-255-3

Bd. 36 Montserrat Cunillera/Hildegard Resinger (eds.): Implicación emocional y oralidad en la traducción literaria. 230 Seiten. ISBN 978-3-86596-339-0

Bd. 37 Ewa Krauss: Roman Ingardens „Schematisierte Ansichten" und das Problem der Übersetzung. 226 Seiten. ISBN 978-3-86596-315-4

Bd. 38 Miriam Leibbrand: Grundlagen einer hermeneutischen Dolmetschforschung. 324 Seiten. ISBN 978-3-86596-343-7

Bd. 39 Pekka Kujamäki/Leena Kolehmainen/Esa Penttilä/Hannu Kemppanen (eds.): Beyond Borders – Translations Moving Languages, Literatures and Cultures. 272 Seiten. ISBN 978-3-86596-356-7

Bd. 40 Gisela Thome: Übersetzen als interlinguales und interkulturelles Sprachhandeln. Theorien – Methodologie – Ausbildung. 622 Seiten. ISBN 978-3-86596-352-9

Bd. 41 Radegundis Stolze: The Translator's Approach – Introduction to Translational Hermeneutics. Theory and Examples from Practice. 304 Seiten. ISBN 978-3-86596-373-4

Bd. 42 Silvia Roiss/Carlos Fortea Gil/María Ángeles Recio Ariza/Belén Santana López/Petra Zimmermann González/Iris Holl (eds.): En las vertientes de la traducción e interpretación del/al alemán. 582 Seiten. ISBN 978-3-86596-326-0

TransÜD. Arbeiten zur Theorie und Praxis des Übersetzens und Dolmetschens

Bd. 43 Erich Prunč: Entwicklungslinien der Translationswissenschaft. 3., erweiterte und verbesserte Auflage (1. Aufl. 2007. ISBN 978-3-86596-146-4). 528 Seiten. ISBN 978-3-86596-422-9

Bd. 44 Mehmet Tahir Öncü: Die Rechtsübersetzung im Spannungsfeld von Rechtsvergleich und Rechtssprachvergleich. Zur deutschen und türkischen Strafgesetzgebung. 380 Seiten. ISBN 978-3-86596-424-3

Bd. 45 Hartwig Kalverkämper/Larisa Schippel (Hg.): „Vom Altern der Texte". Bausteine für eine Geschichte des interkulturellen Wissenstransfers. 456 Seiten. ISBN 978-3-86596-251-5

Bd. 46 Hannu Kemppanen/Marja Jänis/Alexandra Belikova (eds.): Domestication and Foreignization in Translation Studies. 240 Seiten. 978-3-86596-470-0

Bd. 47 Sergey Tyulenev: Translation and the Westernization of Eighteenth-Century Russia. A Social-Systemic Perspective. 272 Seiten. ISBN 978-3-86596-472-4

Bd. 48 Martin B. Fischer/Maria Wirf Naro (eds.): Translating Fictional Dialogue for Children and Young People. 422 Seiten. ISBN 978-3-86596-467-0

Bd. 49 Martina Behr: Evaluation und Stimmung. Ein neuer Blick auf Qualität im (Simultan-)Dolmetschen. 356 Seiten. ISBN 978-3-86596-485-4

Bd. 50 Anna Gopenko: Traduire le sublime. Les débats de l'Église orthodoxe russe sur la langue liturgique. 228 Seiten. ISBN 978-3-86596-486-1

Bd. 51 Lavinia Heller: Translationswissenschaftliche Begriffsbildung und das Problem der performativen Unauffälligkeit von Translation. 332 Seiten. ISBN 978-3-86596-470-0

Bd. 52 Claudia Dathe/Renata Makarska/Schamma Schahadat (Hg.): Zwischentexte. Literarisches Übersetzen in Theorie und Praxis. 300 Seiten. ISBN 978-3-86596-442-7

Bd. 53 Regina Bouchehri: Translation von Medien-Titeln. Der interkulturelle Transfer von Titeln in Literatur, Theater, Film und Bildender Kunst. 334 Seiten. ISBN 978-3-86596-400-7

Bd. 54 Nilgin Tanış Polat: Raum im (Hör-)Film. Zur Wahrnehmung und Repräsentation von räumlichen Informationen in deutschen und türkischen Audiodeskriptionstexten. 138 Seiten. ISBN 978-3-86596-508-0

Bd. 55 Eva Parra Membrives/Ángeles García Calderón (eds.): Traducción, mediación, adaptación. Reflexiones en torno al proceso de comunicación entre culturas. 336 Seiten. ISBN 978-3-86596-499-1

Frank & Timme

TRANSÜD. Arbeiten zur Theorie und Praxis des Übersetzens und Dolmetschens

Bd. 56 Yvonne Sanz López: Videospiele übersetzen – Probleme und Optimierung. 126 Seiten. ISBN 978-3-86596-541-7

Bd. 57 Irina Bondas: Theaterdolmetschen – Phänomen, Funktionen, Perspektiven. 240 Seiten. ISBN 978-3-86596-540-0

Bd. 58 Dinah Krenzler-Behm: Authentische Aufträge in der Übersetzerausbildung. Ein Leitfaden für die Translationsdidaktik. 480 Seiten. ISBN 978-3-86596-498-4

Bd. 59 Anne-Kathrin Ende/Susann Herold/Annette Weilandt (Hg.): Alles hängt mit allem zusammen. Translatologische Interdependenzen. Festschrift für Peter A. Schmitt. 544 Seiten. ISBN 978-3-86596-504-2

Bd. 60 Saskia Weber: Kurz- und Kosenamen in russischen Romanen und ihre deutschen Übersetzungen. 256 Seiten. ISBN 978-3-7329-0002-2

Bd. 61 Silke Jansen/Martina Schrader-Kniffki (eds.): La traducción a través de los tiempos, espacios y disciplinas. 366 Seiten. ISBN 978-3-86596-524-0

Bd. 62 Annika Schmidt-Glenewinkel: Kinder als Dolmetscher in der Arzt-Patienten-Interaktion. 130 Seiten. ISBN 978-3-7329-0010-7

Bd. 63 Klaus-Dieter Baumann/Hartwig Kalverkämper (Hg.): Theorie und Praxis des Dolmetschens und Übersetzens in fachlichen Kontexten. 756 Seiten. ISBN 978-3-7329-0016-9

Bd. 64 Silvia Ruzzenenti: «Präzise, doch ungenau» – Tradurre il saggio. Un approccio olistico al *poetischer Essay* di Durs Grünbein. 406 Seiten. ISBN 978-3-7329-0026-8

Bd. 65 Margarita Zoe Giannoutsou: Kirchendolmetschen – Interpretieren oder Transformieren? 498 Seiten mit CD. ISBN 978-3-7329-0067-1

Bd. 66 Andreas F. Kelletat/Aleksey Tashinskiy (Hg.): Übersetzer als Entdecker. Ihr Leben und Werk als Gegenstand translationswissenschaftlicher und literaturgeschichtlicher Forschung. 376 Seiten. ISBN 978-3-7329-0060-2

Bd. 67 Ulrike Spieler: Übersetzer zwischen Identität, Professionalität und Kulturalität: Heinrich Enrique Beck. 340 Seiten. ISBN 978-3-7329-0107-4

Bd. 68 Carmen Klaus: Translationsqualität und Crowdsourced Translation. Untertitelung und ihre Bewertung – am Beispiel des audiovisuellen Mediums *TEDTalk*. 180 Seiten. ISBN 979-3-7329-0031-1

Bd. 69 Susanne J. Jekat/Heike Elisabeth Jüngst/Klaus Schubert/Claudia Villiger (Hg.): Sprache barrierefrei gestalten. Perspektiven aus der Angewandten Linguistik. 276 Seiten. ISBN 978-3-7329-0023-7

TRANSÜD. Arbeiten zur Theorie und Praxis des Übersetzens und Dolmetschens

Bd. 70 Radegundis Stolze: Hermeneutische Übersetzungskompetenz. Grundlagen und Didaktik. 402 Seiten. ISBN 978-3-7329-0122-7

Bd. 71 María Teresa Sánchez Nieto (ed.): Corpus-based Translation and Interpreting Studies: From description to application / Estudios traductológicos basados en corpus: de la descripción a la aplicación. 268 Seiten. ISBN 978-3-7329-0084-8

Bd. 72 Karin Maksymski/Silke Gutermuth/Silvia Hansen-Schirra (eds.): Translation and Comprehensibility. 296 Seiten. ISBN 978-3-7329-0022-0

Bd. 73 Hildegard Spraul: Landeskunde Russland für Übersetzer. Sprache und Werte im Wandel. Ein Studienbuch. 360 Seiten. ISBN 978-3-7329-0109-8

Bd. 74 Ralph Krüger: The Interface between Scientific and Technical Translation Studies and Cognitive Linguistics. With Particular Emphasis on Explicitation and Implicitation as Indicators of Translational Text-Context Interaction. 482 Seiten. ISBN 978-3-7329-0136-4

Bd. 75 Erin Boggs: Interpreting U.S. Public Diplomacy Speeches. 154 Seiten. ISBN 978-3-7329-0150-0

Bd. 76 Nathalie Mälzer (Hg.): Comics – Übersetzungen und Adaptionen. 404 Seiten. ISBN 978-3-7329-0131-9

Bd. 77 Sophie Beese: Das (zweite) andere Geschlecht – der Diskurs „Frau" im Wandel. Simone de Beauvoirs *Le deuxième sexe* in deutscher Erst- und Neuübersetzung. 264 Seiten. ISBN 978-3-7329-0141-8

Bd. 78 Xenia Wenzel: Die Übersetzbarkeit philosophischer Diskurse. Eine Übersetzungskritik an den beiden englischen Übersetzungen von Heideggers *Sein und Zeit*. 162 Seiten. ISBN 978-3-7329-0199-9

Bd. 79 María-José Varela Salinas/Bernd Meyer (eds.): Translating and Interpreting Healthcare Discourses/Traducir e interpretar en el ámbito sanitario. 266 Seiten. ISBN 978-3-86596-367-3

Bd. 80 Susanne Hagemann: Einführung in das translationswissenschaftliche Arbeiten. Ein Lehr- und Übungsbuch. 360 Seiten. ISBN 978-3-7329-0125-8

Bd. 81 Anja Maibaum: Spielfilm-Synchronisation. Eine translationskritische Analyse am Beispiel amerikanischer Historienfilme über den Zweiten Weltkrieg. 144 Seiten mit CD. ISBN 978-3-7329-0220-0

Bd. 82 Sybille Schellheimer: La función evocadora de la fraseología en la oralidad ficcional y su traducción. 356 Seiten. ISBN 978-3-7329-0232-3

TRANSÜD. Arbeiten zur Theorie und Praxis des Übersetzens und Dolmetschens

Bd. 83 Franziska Heidrich: Kommunikationsoptimierung im Fachübersetzungsprozess. 276 Seiten. ISBN 978-3-7329-0262-0

Bd. 84 Cristina Plaza Lara: Integración de la competencia instrumental-profesional en el aula de traducción. 222 Seiten mit CD. ISBN 978-3-7329-0309-2

Bd. 85 Andreas F. Kelletat/Aleksey Tashinskiy/Julija Boguna (Hg.): Übersetzerforschung. Neue Beiträge zur Literatur- und Kulturgeschichte des Übersetzens. 366 Seiten. ISBN 978-3-7329-0234-7

Bd. 86 Heidrun Witte: Blickwechsel. Interkulturelle Wahrnehmung im translatorischen Handeln. 274 Seiten. ISBN 978-3-7329-0333-7

Bd. 87 Susanne Hagemann/Julia Neu/Stephan Walter (Hg.): Translationslehre und Bologna-Prozess: Unterwegs zwischen Einheit und Vielfalt / Translation/Interpreting Teaching and the Bologna Process: Pathways between Unity and Diversity. 434 Seiten. ISBN 978-3-7329-0311-5

Bd. 88 Ursula Wienen/Laura Sergo/Tinka Reichmann/Ivonne Gutiérrez Aristizábal (Hg.): Translation und Ökonomie. 274 Seiten. ISBN 978-3-7329-0203-3

Bd. 89 Daniela Eichmeyer: Luftqualität in Dolmetschkabinen als Einflussfaktor auf die Dolmetschqualität. Interdisziplinäre Erkenntnisse und translationspraktische Konsequenzen. 144 Seiten. ISBN 978-3-7329-0362-7

Bd. 90 Alexander Künzli: Die Untertitelung – von der Produktion zur Rezeption. 264 Seiten. ISBN 978-3-7329-0393-1

Bd. 91 Christiane Nord: Traducir, una actividad con propósito. Introducción a los enfoques funcionalistas. 228 Seiten. ISBN 978-3-7329-0410-5

Bd. 92 Fabjan Hafner/Wolfgang Pöckl (Hg.): „... übersetzt von Peter Handke“ – Philologische und translationswissenschaftliche Analysen. 294 Seiten. ISBN 978-3-7329-0443-3

Bd. 93 Elisabeth Gibbels: Lexikon der deutschen Übersetzerinnen 1200–1850. 216 Seiten. ISBN 978-3-7329-0422-8

Bd. 94 Encarnación Postigo Pinazo: Optimización de las competencias del traductor e intérprete. Nuevas tecnologías – procesos cognitivos – estrategias. 194 Seiten. ISBN 978-3-7329-0392-4

Bd. 95 Marta Estévez Grossi: Lingüística Migratoria e Interpretación en los Servicios Públicos. La comunidad gallega en Alemania. 574 Seiten. ISBN 978-3-7329-0411-2

TransÜD. Arbeiten zur Theorie und Praxis des Übersetzens und Dolmetschens

Bd. 96 Ivana Havelka: Videodolmetschen im Gesundheitswesen. Dolmetschwissenschaftliche Untersuchung eines österreichischen Pilotprojektes. 346 Seiten. ISBN 978-3-7329-0490-7

Bd. 97 Maria Mushchinina (Hg.): Formate der Translation. 340 Seiten. ISBN 978-3-7329-0506-5

Bd. 98 Zehra Gülmüş: Übersetzungsverfahren beim literarischen Übersetzen. Ahmet Hamdi Tanpınars Roman „Das Uhrenstellinstitut". 196 Seiten. ISBN 978-3-7329-0498-3

Bd. 99 Peter Sandrini: Translationspolitik für Regional- oder Minderheitensprachen. Unter besonderer Berücksichtigung einer Strategie der Offenheit. 524 Seiten. ISBN 978-3-7329-0513-3

Bd. 100 Aleksey Tashinskiy/Julija Boguna (Hg.): Das WIE des Übersetzens. Beiträge zur historischen Übersetzerforschung. 248 Seiten. ISBN 978-3-7329-0536-2

Bd. 101 Heike Elisabeth Jüngst/Lisa Link/Klaus Schubert/Christiane Zehrer (eds.): Challenging Boundaries. New Approaches to Specialized Communication. 228 Seiten. ISBN 978-3-7329-0524-9

Bd. 102 Chuan Ding: „Peterchens Mondfahrt" in chinesischer Übersetzung. Eine Kritik. 124 Seiten. ISBN 978-3-7329-0528-7

Bd. 103 Changgun Kim: Übersetzen von Videospieltexten. Nekrotexte lesen und übersetzen. 164 Seiten. ISBN 978-3-7329-0379-5

Bd. 104 Guntars Dreijers/Agnese Dubova/Jānis Veckrācis (eds.): Bridging Languages and Cultures. Linguistics, Translation Studies and Intercultural Communication. 338 Seiten. ISBN 978-3-7329-0429-7

Bd. 105 Madeleine Schnierer: Qualitätssicherung. Die Praxis der Übersetzungsrevision im Zusammenhang mit EN 15038 und ISO 17100. 286 Seiten. ISBN 978-3-7329-0539-3

Bd. 106 Lavinia Heller/Tomasz Rozmysłowicz (Hg.): Translation und Interkulturelle Kommunikation / Translation and Intercultural Communication. Beiträge zur Theorie, Empirie und Praxis kultureller Austauschprozesse / Theoretical, Empirical and Practical Perspectives on Cultural Exchanges. 178 Seiten. ISBN 978-3-7329-0351-1

Bd. 107 Brita Dorer: Advance Translation as a Means of Improving Source Questionnaire Translatability? Findings from a Think-Aloud Study for French and German. 554 Seiten. ISBN 978-3-7329-0594-2

Bd. 108 Annegret Sturm: Theory of Mind in Translation. 334 Seiten. ISBN 978-3-7329-0492-1

Frank & Timme

TRANSÜD. Arbeiten zur Theorie und Praxis des Übersetzens und Dolmetschens

Bd. 109 Akkad Alhussein: Vom Zieltext zum Ausgangstext. Das Problem der retroflexen Wirksamkeit der Translation. 290 Seiten. ISBN 978-3-7329-0679-6

Bd. 110 Ursula Stachl-Peier/Eveline Schwarz (Hg./eds.): Ressourcen und Instrumente der translationsrelevanten Hochschuldidaktik / Resources and Tools for T&I Education. Lehrkonzepte, Forschungsberichte, Best-Practice-Modelle / Research Studies, Teaching Concepts, Best-Practice Results. 308 Seiten. ISBN 978-3-7329-0685-7

Bd. 111 Guntars Dreijers/Jānis Sīlis/Silga Sviķe/Jānis Veckrācis (eds.): Bridging Languages and Cultures II. Linguistics, Translation Studies and Intercultural Communication. 258 Seiten. ISBN 978-3-7329-0705-2

Bd. 112 Anu Viljanmaa: Professionelle Zuhörkompetenz und Zuhörfilter beim Dialogdolmetschen. 580 Seiten. ISBN 978-3-7329-0719-9

Bd. 113 Johan Franzon/Annjo K. Greenall/Sigmund Kvam/Anastasia Parianou (eds.): Song Translation: Lyrics in Contexts. 498 Seiten. ISBN 978-3-7329-0656-7

Bd. 114 Anna Wegener: Karin Michaëlis' *Bibi* books. Producing, Rewriting, Reading and Continuing a Children's Fiction Series, 1927–1953. 400 Seiten. ISBN 978-3-7329-0588-1

Bd. 115 Gesa Büttner: Dolmetschvorbereitung digital. Professionelles Dolmetschen und DeepL. 130 Seiten. ISBN 978-3-7329-0750-2

Bd. 116 Jutta Seeger-Vollmer: Schwer lesbar gleich texttreu?. Wissenschaftliche Translationskritik zur *Moby-Dick*-Übersetzung Friedhelm Rathjens. 530 Seiten. ISBN 978-3-7329-0766-3

Bd. 117 Katerina Sinclair: TranslatorInnen als SprachlehrerInnen: Eignung und Einsatz. 346 Seiten. ISBN 978-3-7329-0739-7

Bd. 118 Nathalie Thiede: Qualität bei der Lokalisierung von Videospielen. 116 Seiten. ISBN 978-3-7329-0793-9

Bd. 119 Iryna Kloster: Translation Competence and Language Contrast – A Multi-Method Study. Italian – Russian – German. 416 Seiten. ISBN 978-3-7329-0761-8

Bd. 120 Kerstin Rupcic: Einsatzpotenziale maschineller Übersetzung in der juristischen Fachübersetzung. 252 Seiten. ISBN 978-3-7329-0782-3

Bd. 121 Rocío García Jiménez/María-José Varela Salinas: Aspectos de la traducción biosanitaria español–alemán / alemán–español . 94 Seiten. ISBN 978-3-7329-0812-7